Vorschussbetrug, Abzocke, Heiratsschwindel

„Was wollt Ihr von mir? Es ist mein gottgegebenes Talent. Unsere Politiker, die drehen ihr Ding und ich? Ich drehe mein Ding. Ich ernähre meine Schwester, meine Mutter, meinen Vater. Man muss überleben. Die Weißen sind einfach zu leichtgläubig. Sie sind doch reich und egal was ich ihnen nehme, für die ist es doch nur Kleingeld.“

- Akin, 14 Jahre alt

Dana Wahr
Alan Prince

Vorschussbetrug
Abzocke
Heiratsschwindel

Aktivitäten der Nigeria-Connection im Internet

Bibliografische Information der Deutschen Nationalbibliothek:
Die Deutsche Nationalbibliothek verzeichnet diese Publikation in der Deutschen Nationalbibliografie; detaillierte bibliografische Daten sind im Internet über http://dnb.dnb.de abrufbar.

© 2013 Dana Wahr

Umschlagsbild: maxkabakov - Fotolia.com

Herstellung und Verlag:
BoD – Books on Demand, Norderstedt

ISBN: 978-3-7322-5625-9

INHALT

Vorwort

Der Begriff „Nigeria-Connection" geistert seit Jahren durch unsere Medien. Man hört ihn in Zusammenhang mit Vorschussbetrug, Geldwäsche, sowie Scheck- und Kreditkartenbetrug. Die Polizei warnt im Internet und in den Medien vor gefälschten Lotteriegewinnen, vor trickreichen Betrügern auf Online-Marktplätzen und auf Partner-/Single-Börsen. Die Formen der Betrugsdelikte sind weitestgehend bekannt, doch wer oder was steckt wirklich dahinter? Wer sind diese Betrüger? Wie sind sie organisiert? Und vor allem, wie können Sie sich wirksam vor diesen Betrügern schützen?

Das sind die Fragen, die wir klären wollen. Wir, das sind Alan Prince, der Co-Autor dieses Buches und ich, Dana Wahr. Vor einigen Jahren kam ich mit einer besonders perfiden Art des Vorschussbetrugs, dem Romance-Scam in Berührung. Seitdem beschäftige ich mich intensiv mit diesem Thema.

Alan Prince ist Absolvent einer der besten Universitäten in Nigeria. Er ist Geschäftsmann, wohnt und arbeitet in Nigeria und beschäftigt eine Reihe von Mitarbeitern.

Mit diesem Buch beabsichtigen wir weder einen Staat zu attackieren, noch Menschen eines anderen Kulturkreises in Misskredit zu bringen. Stattdessen soll es Licht in ein Gestrüpp von Machenschaften bringen, welches sich zu einem globalen Problem entwickelt.

Dana Wahr, Hamburg im Frühjahr 2013

Die Anfänge der Nigeria-Connection gehen zurück in die 70er und 80er Jahre. Firmen und Geschäftsleute erhielten zu damaliger Zeit Post per Brief oder Fax aus Afrika, in der ihnen große Geldsummen in Aussicht gestellt und mächtige Gewinne versprochen wurden. In den 90er Jahren zog das Internet in die Unternehmen und Privathaushalte ein. Seitdem gelangen diese Nigeria-Briefe auf elektronischem Weg als E-Mail-Nachrichten, sogenannte Spam- oder Junk-E-Mails, in die Postfächer der Empfänger. Der Spam erreicht jeden, dessen E-Mail-Adresse irgendwo im Netz veröffentlicht ist, es wird nicht zwischen Firmen, Geschäfts- oder Privatleuten unterschieden. Der Ursprung der versendeten Mails liegt nicht mehr nur in Nigeria. Über Server in aller Welt werden die Mails versendet.

Die Inhalte dieser Nachrichten sind mehr oder weniger fantasievoll gestaltet. In der Regel geht es um ein Vermögen in Millionenhöhe, das nur darauf wartet, von seinem neuen Besitzer in Empfang genommen zu werden. Es lockt die Erbschaft eines angeblich verschollenen Verwandten, eine todkranke, aber steinreiche alte Dame sucht verzweifelt einen Erben oder das Vermögen eines gestürzten, toten Diktators soll mit Hilfe des E-Mail-Empfängers außer Landes gebracht werden. Es flattert die Gewinnmitteilung einer Lotteriegesellschaft in sagenhafter Höhe in das E-Mail-Postfach oder aber das Angebot einer Öl-Gesellschaft, die neue Geschäftsbeziehungen aufbauen möchte und fabelhafte Gewinne garantiert.

Sobald der Empfänger auf eine dieser E-Mails reagiert, folgt ein reger Schriftwechsel und der Vorschussbetrug nimmt seinen Lauf. Das potentielle Opfer wird mit Dokumenten, Beglaubigungen, Schreiben von Rechtsanwälten und Sicherheitsfirmen, mit gescannten Pässen und Telefongesprächen überzeugt, dass alles mit rechten Dingen zugeht. Es winkt der große Wurf, Wohlstand bis ans Lebensende. Nur eine Sache steht noch zwischen dem neuen Besitzer und seinem vermeintlich legitimen Vermögen: Es muss eine verhältnismäßig geringe Gebühr entrichtet werden, womit angebliche Kosten für den Rechtsanwalt, den Transport, die Sicherheitsverwahrung oder Sonstigem gedeckt werden sollen. So jedenfalls versprechen es die seriös wirkenden Gesprächspartner.

Diese Form von Betrug wird Vorschussbetrug genannt, weil von dem Opfer vorab ein Geldbetrag gefordert wird, bevor es in den Genuss der versprochenen Leistung, Ware oder des Vermögens kommen könne. Wird dieser Betrag, die Gebühr oder die Kostenbeteiligung gezahlt, dann haben die Betrüger ihr Vorhaben erfolgreich umgesetzt. Der Betrogene ist sein Geld unwiederbringlich los und sieht nichts von den versprochenen Leistungen oder Vermögenswerten.

Die meisten Menschen in unseren Breitengraden haben ein gesundes Misstrauen gegen diese 419er-Betrugsmails entwickelt und löschen sie in der Regel sofort aus ihren Postfächern. 419er (four one niner) nennt man auch die Betrüger, die diese Massen-E-Mails versenden. Der Begriff entstand aus dem Artikel 419 des nigerianischen Strafgesetzbuches, der diese Art des Vorschussbetruges unter Strafe stellt. In diesem Zusammenhang fallen auch häufig die Begriffe „Scam" und „Scammer". Scam ist das englische Wort für Betrug und bei den Scammern handelt es sich um die Vorschussbetrüger.

Aufgrund der Sprachbarriere blieb der deutschsprachige Raum lange Zeit relativ unbehelligt. Viele Menschen verstehen die Briefe nicht oder fühlen sich nicht angesprochen, weil ihnen die englische Sprache nicht so gut geläufig ist. Aber auch die Scammer lernen hinzu und immer wieder tauchen Mails in gutem Deutsch auf bzw. es werden die Empfänger zunehmend persönlich mit ihrem Namen angesprochen. Somit fallen auch bei uns noch immer Menschen auf die teilweise haarsträubenden Geschichten herein.

Zu den klassischen Betrugsarten sind in den letzten Jahren neue und wesentlich effizientere Formen hinzugekommen: Die Präsenz der Nigeria-Connection auf Internet-Marktplätzen hat stark zugenommen und sie versucht dort, Käufer und Händler zu täuschen und zu prellen.

Eine andere, außergewöhnlich gewissenlose Betrugsvariante ist der sogenannte Romance-Scam, auf den dieses Buch ein besonderes Augenmerk legt. Der Romance-Scam, auch Love- oder Dating-Scam genannt, ist mit jeder der anderen Betrugsarten kombinierbar. Jede Minute tappen weltweit neue Opfer in die Falle dieser Betrüger. Wie auch bei den anderen Betrugsarten verlieren die Opfer des Romance-Scams mitunter einen Teil ihres Vermögens oder sie verschulden sich, indem sie Kredite aufnehmen oder Verwandte und Freunde anpumpen. So ein Verlust kann in die Zehntausende Euro gehen. Genaue Zahlen können nicht ermittelt werden, da hierüber in Deutschland keine Statistiken geführt werden und die Dunkelziffer hoch ist. Aus Scham verschweigen viele Opfer ihren finanziellen Verlust. Der Romance-Scam unterscheidet sich von den anderen Betrugsmaschen dadurch, dass die Betrüger nicht nur zerstörte Existenzen hinterlassen, sondern auch oftmals gebrochene Herzen. Es bleibt bei diesen Opfern ein großer emotionaler Schaden zurück, der leider auch schon zu Selbstmorden geführt hat.

Nun könnte man meinen, die Frauen und Männer, die ihr Geld und ihre Herzen an die im Internet agierenden Scammer verloren haben, wären dumm, hätten es besser wissen müssen oder wären gar selbst schuld an ihrem Desaster. Dies ist nicht der Fall und dieses Buch will Ihnen zeigen, mit welcher Effizienz die Betrüger vorgehen, wie ausgeklügelt und gut durchdacht ihre Vorgehensweisen ausgearbeitet sind und wie sie ihre Verfahren immer weiter verfeinern. Es soll Ihnen helfen, Betrüger schneller zu erkennen, Sie dazu anhalten, achtsam zu sein und Ihnen ermöglichen, andere Menschen auf eventuelle Gefahren aufmerksam zu machen, wenn diese sich dem Anschein nach in Kontakt mit solchen Scammern befinden sollten.

Informationen über Nigeria[1]

Das Bundesministerium für wirtschaftliche Zusammenarbeit und Entwicklung (BMZ) beschreibt Nigeria wie folgt:

Mit knapp 160 Millionen Einwohnern ist Nigeria der bevölkerungsreichste Staat Afrikas, größter zusammenhängender Binnenmarkt des Kontinents und mit Abstand das wirtschaftlich bedeutendste Land Westafrikas. Nigeria gehört zu den Ländern mit den größten Erdölvorkommen weltweit, rund 80 Prozent der Staatseinnahmen stammen aus dem Export von Öl und Gas. Trotz einer Reihe wirtschaftspolitischer Reformprozesse ist es der Regierung jedoch nicht gelungen, diesen Reichtum konsequent für die wirtschaftliche und soziale Entwicklung des Landes einzusetzen. Mehr als zwei Drittel der Menschen leben in Armut. Nach Einschätzung des Entwicklungsprogramms der Vereinten Nationen (UNDP) wird Nigeria fast alle Millenniumsentwicklungsziele verfehlen.

Nigeria ist dank seines Reichtums an Bodenschätzen – neben Erdöl unter anderem auch Zinn-, Eisen-, Blei- und Zinkerz sowie Kohle, Kalk und Erdgas – die zweitgrößte Volkswirtschaft Afrikas südlich der Sahara. Nigeria versteht sich als aufstrebendes Schwellenland und über-

---

[1] *BMZ.* Abgerufen am 02.02.2013 von
http://www.bmz.de/de/was_wir_machen/laender_regionen/subsahara/nigeria/index.html

nimmt als einer der Vertreter Afrikas Verantwortung auf der weltpolitischen Bühne: Bei Militär- und Polizeioperationen der Vereinten Nationen stellt Nigeria das größte Truppenkontingent und strebt mittelfristig einen ständigen Sitz im UN-Sicherheitsrat an. Auch in der Afrikanischen Union (AU) und der Westafrikanischen Wirtschaftsgemeinschaft (Economic Community of West African States, ECOWAS) hat das Land großen Einfluss und übernimmt politische Verantwortung. Durch militärisches Eingreifen in regionalen Konflikten wie in Liberia, Sierra Leone, Côte d'Ivoire und Mali konnte Nigeria seine regionale Vorherrschaft weiter festigen.

Nigeria leidet unter ethnischen, regionalen, sozialen, religiösen und politischen Spannungen, insbesondere verursacht durch sozio-ökonomische Ungleichheiten. Rund 250 ethnische Gruppen konkurrieren um die Macht und die Nutzung der Ressourcen. Lange Phasen autoritärer Militärherrschaft haben die Instabilität des Landes verschärft. Korruption, Vetternwirtschaft und ineffiziente staatliche Institutionen sowie eine marode Infrastruktur sind ein Erbe aus dieser Vergangenheit. Sie verhindern dringend notwendige Investitionen in die öffentliche Infrastruktur, vor allem in die Stromversorgung, den Straßenbau und das Bildungssystem. Der Privatsektor kann sich dadurch bisher kaum entfalten.

Daten:

Ländername	Bundesrepublik Nigeria
Hauptstadt	Abuja, etwa 2,5 Millionen Einwohner
Fläche (2010)	923.770 km²
Rang im Index der menschlichen Entwicklung (HDI) (2011)	156 von 187
Anzahl der Einwohner (2011)	162.470.737
Bevölkerungswachstum pro Jahr (2011)	2,56 %
Durchschnittliche Lebenserwartung (2011)	51,87 Jahre
Anteil der Menschen, die jünger als 15 sind (2011)	42,81 %
Anteil der Menschen, die 65 oder älter sind (2011)	3,41 %
Anteil der Landbevölkerung (2011)	50,39 %
Anteil der Menschen, die in extremer Armut leben: weniger als 1,25 US-Dollar pro Tag (2010)	67,98 %
Anteil der Menschen, die unterernährt sind (2011)	8,5 %
Bruttonationaleinkommen pro Jahr in US-Dollar (2011)	207.278.464.135 US-Dollar
Bruttonationaleinkommen pro Kopf pro Jahr in US-Dollar (2011)	1.280 US-Dollar
Inflationsrate (2011)	10,85 %

Anteil der Kinder zwischen 7 und 14, die arbeiten (2007)	40,7 %
Arbeitslosenquote	keine Daten verfügbar
Anzahl der Internetnutzer (pro 100 Einwohner) (2011)	28,43
Personenkraftwagen pro 1.000 Einwohner (2007)	31
Anteil der Menschen, die lesen und schreiben können (2010):	61,34 %
Zahl der Grundschulkinder pro Lehrer (2010)	36,03
Anteil der Kinder im schulpflichtigen Alter, die eine Grundschule besuchen (2010)	57,56 %
Davon der Anteil der Kinder, die die Grundschule abschließen (2010)	74,37 %
Anteil der Bevölkerung mit angemessenem Anschluss an eine Trinkwasserversorgung (2010)	58 %

Klassischer 419er Scam

Beim klassischen 419er Scam werden jede Sekunde tausende von Mitteilungen großflächig und ohne Differenzierung an alle E-Mail-Adressen versendet, derer die Betrüger habhaft werden konnten. Sie bauen darauf, dass es in der Fülle der E-Mail-Empfänger einzelne Personen gibt, die diese Betrugsmails lesen und darauf reagieren. Sie erwarten, dass sich diese Menschen im Verlauf der Konversation in dem betrügerischen Netz verfangen, aus reiner Geldgier ihren gesunden Menschenverstand über Bord werfen und den ihnen aufgetischten Geschichten Glauben schenken.

Stellen Sie sich vor, Sie erhalten eine E-Mail von einem ausländischen Bankdirektor. In dieser Mail unterbreitet er Ihnen ein verlockendes Angebot, verpackt in folgende Geschichte: Vor Jahren wurde ein Vermögen in Höhe einiger Millionen Euro/Dollar bei seiner Bank deponiert. Das Geld sollte einst für einen wohltätigen Zweck eingesetzt werden und in eine Stiftung einfließen. Aber der Eigentümer des Vermögens verstarb, noch bevor er sein Vorhaben in die Tat umsetzen konnte. Nun liegt das Geld seit Jahren ungenutzt auf einem Konto und niemand erhebt Anspruch darauf. Es gibt keine Erben. Der Bankdirektor behauptet, ein guter Mensch zu sein und äußert den Wunsch, das Geld solle nun endlich seiner ursprünglichen Bestimmung zugeführt werden. Dazu benötigt er Ihre Hilfe. Er selbst kann das Geld nicht an sich nehmen, da er Angestellter dieser Bank ist, aber er würde Sie gern als Begünstigten eintragen und alles in die Wege leiten, damit Sie einen legalen Anspruch auf dieses Vermögen erhalten. Es gibt nur eine einzige Bedingung: Sie müssen dem Bankdirektor versprechen, 80% des Geldes im Sinne des Verstorbenen zu spenden. Da es sich um einige Millionen Euro/Dollar handelt, bleibt noch genügend für Sie übrig, um von den restlichen 20% in Wohlstand leben zu können. Das Ganze funktioniert aber nur, wenn Ihr Anspruch formal von einem Notar legalisiert, überschrieben, rechtlich abgesichert und beglaubigt wird. Das alles kostet Geld. Die Kosten für den Notar, für den Transfer des Geldes, für die notwendigen Dokumente und für die Einholung der Genehmigungen müssen von Ihnen übernommen werden. Es ist nicht möglich, diese Kosten von dem Guthaben des Verstorbenen im Voraus abzuziehen und Ihnen den Differenzbetrag gutzuschreiben, da sich das Kapital noch nicht in Ihrem Besitz befindet. Sie werden also aufgefordert, die Gebühren vorab zu zahlen, ansonsten könne das Millionenvermögen nicht überwiesen werden. Nachdem Sie für alle angefallenen Kosten aufgekommen sind, werden unvorhersehbare Schwierigkeiten auftreten, die nur durch weitere Zahlungen gelöst werden können, so jedenfalls behaupten es die Betrüger. Die versprochenen Millionen werden Sie natürlich niemals zu Gesicht bekommen.

Die 419er-Betrugsmails passen sich gewöhnlich dem aktuellen Weltgeschehen an und beziehen sich auf Ereignisse, die in nicht allzu weit entfernter Vergangenheit liegen. Zum Beispiel könnten Sie eine E-Mail erhalten, die angeblich von Aisha Gaddafi versendet wurde, der Tochter des getöteten lybischen Ex-Diktators Muammar al-Gaddafi. In dieser E-Mail wird behauptet, sie sei nach Mali geflohen und suche nun verzweifelt nach einem vertrauenswürdigen und zuverlässigen Partner, der ihr hilft, einen Teil des Familienvermögens zu retten. In der Mail versichert die Dame Ihnen, dass Sie reichlich entlohnt werden, wenn Sie bereit sind, zu helfen. Es wird erzählt, dass das Vermögen der Gaddafis eingefroren wurde und von den Konten weder abgehoben noch transferiert werden kann. Jedoch ist auf einem Bankkonto in Ghana ein hoher Betrag deponiert. Die legalen Dokumente für den Zugang zum Konto könnten auf Ihren Namen geändert und das Geld aus Ghana auf Ihr Bankkonto überwiesen werden. Zuvor müssen Sie aber versprechen, dass Sie es ehrlich meinen und nicht einfach mit dem Geld der Gaddafis über alle Berge verschwinden. Im Verlauf der Konversation wird ein Vertrauensverhältnis aufgebaut und es wird versucht, Ihnen weiszumachen, dass Sie es wirklich mit der Familie des Diktators zu tun haben.

Auch in diesem Fall läuft der Betrug darauf hinaus, dass Gebühren bezahlt werden müssen, bevor das Vermögen auf Ihr Bankkonto gutgeschrieben werden kann.

GEWINN- UND LOTTERIE SCAM

Wer träumt nicht vom großen Lottogewinn? So mancher hofft inständig, dass sich dieser Wunsch erfüllt und findet eines Tages eine Gewinnbenachrichtigung der Süddeutschen Klassenlotterie in seinem E-Mail-Posteingang. Dabei handelt es sich um ein nachgeahmtes Schreiben, dass auch von jedweder anderen angeblichen Lotteriegesellschaft aus Spanien, Kanada, USA oder einem anderen

Land stammen könnte. Oder es handelt sich um ein nachgebildetes Hersteller-Gewinnspiel, beispielsweise die NOKIA National Lottery oder die BMW CAR LOTTERY. Sollten Sie der Empfänger der Gewinnbenachrichtigung sein, dann werden Sie aufgefordert, Ihre vollständigen Daten mitzuteilen. Als Grund dafür wird angegeben, dass die Lotteriegesellschaft sicherstellen muss, dass Sie auch tatsächlich mit der Person des Gewinners identisch sind. Vorher könne Ihnen der Gewinn in Höhe von mehreren hunderttausend Euro/Dollar nicht ausgezahlt werden. Folglich werden Sie angewiesen, in Ihrer Rückantwort Ihren vollständigen Namen, Alter, Geschlecht, vollständige Adresse, private und geschäftliche Festnetztelefonnummer, Handynummer, Beruf, Firma und E-Mail-Adresse anzugeben, sowie die Ticket- und Seriennummer der Gewinnmitteilung. Es wird darauf hingewiesen, dass diese Angaben innerhalb eines Monats bei der Gesellschaft eingereicht werden müssen, ansonsten verfalle der Gewinn und könne nicht mehr ausgezahlt werden. Na dann – Herzlichen Glückwunsch!

Nachdem Sie die geforderten Daten an die Gesellschaft geschickt haben, erhalten Sie eine weitere E-Mail mit herzlichen Gratulationen, einem schicken Gewinnzertifikat und der Bitte, weitere Aussagen zu treffen, damit die Auszahlung Ihres Gewinns reibungslos durchgeführt werden kann. Sie dürfen zwischen zwei Auszahlungsmethoden wählen: Scheckzahlung oder Banküberweisung. Wenn Sie sich für die Überweisung Ihres Gewinns auf Ihr Bankkonto entscheiden, dann müssen Sie Ihre kompletten Bankinformationen angeben: Name und Adresse der Bank, Kontonummer, Bankleitzahl, IBAN und BIC.

Zusätzlich müssen Sie Ihre eindeutige Identität verifizieren, indem Sie eine Kopie Ihres Führerscheines oder Reisepasses beifügen.

Die ganze Prozedur zieht sich über Tage hinweg, damit der ganze Ablauf offiziell und professionell wirkt. Als Nächstes werden Sie an eine falsche Bank weitergereicht. Das Management der Bank freut sich, die Bearbeitung Ihres Lotterie-Fonds übernehmen zu dürfen und fordert Sie auf, ein weiteres Formular auszufüllen und auch die Bank benötigt eine Kopie Ihres Internationalen Reisepasses, damit sie ein Konto auf Ihren Namen eröffnen und den Gewinn dort hinterlegen kann.

Damit der Transfer abgeschlossen werden kann, wird eine im Verhältnis zum Lotteriegewinn geringe Bearbeitungsgebühr fällig und der Gewinner wird angewiesen, wie sollte es anders sein, diese Gebühr im Voraus zu bezahlen. Eine Verrechnung der Gebühr mit dem Gewinn ist nicht möglich, da an dieser Stelle wegen des Vorsteuerabzuges nicht manipuliert werden darf und daher der gesamte Betrag dem Konto gutgeschrieben werden muss.

Wenn Sie die Gebühr bezahlen, dann wird der fiktive Gewinn dem fiktiven Konto bei der fiktiven Bank gutgeschrieben. Es treten natürlich wieder weitere Umstände ein, die weitere Vorauszahlungen notwendig machen, bevor Sie auf Ihren Gewinn zugreifen können, von dem Sie auch in diesem Fall nicht einen Cent sehen werden.

Nachstehend das Schreiben eines fingierten Anwaltsbüros aus England, das in verständlichem Deutsch verfasst worden ist und als Fax, E-Mail oder gar per Briefpost in Ihrem Posteingang landen könnte. Dieses Schreiben unterscheidet sich von den anderen Massenmails insofern, dass Sie mit Ihrem tatsächlichen Nachnamen angesprochen werden.

Sehr geehrter Herr Kramer,

ich möchte mich erst einmal gerne vorstellen. Mein Name ist Barri Kimon Hatza, der persönliche Rechtsanwalt meines verstorbenen Mandanten war als privater Geschäftsmann im internationalen Bereich tätig Herr Karl Kramer.
Im Jahr 2008 erlag mein Mandant an einen schweren Herzinfarkt. Mein Mandant war ledig und kinderlos. Er hinterließ ein Vermögen in Wert von € 8.255.000 (Acht Millionen Zwei Hundert Fünfundfünzig Tausend Euro), die sich in Obhut der zuständigen Bank befinden. Die Bank ließ mir zukommen, dass ich einen Erbberechtigten, Begünstigten vorstellen muss. Nach mehreren Recherchen erhielt ich keine weiteren hilfreichen Informationen über die Verwandten meines verstorbenen Mandanten. Aus diesem Grund schrieb ich Sie an, da Sie den gleichen Nachnamen verfügen. Ich benötige Ihre Zustimmung und Ihre Kooperation um Sie als den Begünstigten vorzustellen. Alle meine Bemühungen Verwandte meines verstorbenen Mandanten waren erfolglos. Infol-

gedessen würde ich vorschlagen, das Vermögen aufzuteilen.

Sie erhalten 70% Prozent des Anteils und 30% Prozent würden mir dann zustehen. Alle notwendigen Dokumente beinhalten sinngemäß auch das Ursprungzeugnis, um demnach Fragen von der zuständigen Bank zu vermeiden. Die beantragten Dokumente sind legal und beglaubigt, die Sie für das Verfahren benötigen. Das Vermögen enthält keinen kriminellen Ursprung. Das Verfahren wird einwandfrei ohne Komplikationen erfolgen, die Geldüberweisung wird rechtsgemäß abgeschlossen.

Alles was ich von Ihnen benötige ist Ihr Vertrauen und eine gute Zusammenarbeit. Kontaktieren Sie mich bitte unter der privaten Telefonnummer oder Email-Adresse. Aufgrund der Unterschiede in unserer Sprache und auf die Vertraulichkeit dieser Transaktion, werde ich Ihre Antwort per E-Mail oder Fax bevorzugen. Die geplante Transaktion wird durch legale Rechtsmitteln, was Sie rechtlich schützen wird.

Mit freundlichen Grüßen
Barri Kimon Hatza

Auch hier werden Sie, sobald Sie auf dieses Schreiben reagieren, von dem angeblichen Rechtsanwalt und von der falschen Bank umgarnt, eingewickelt und weichgeklopft, bis Sie die notwendigen Gebühren bezahlen, um an das Vermögen zu kommen.

CHARITY-SCAM

Der Charity-Scam ist eine weitere Form des klassischen 419er-Scam. Jedoch wird hierbei nicht auf die Geldgier des potentiellen Opfers gebaut sondern an das Mitgefühl appelliert und um Spenden gebettelt. Diese Form des Scams tritt konzentriert und verstärkt nach großen Naturkatastrophen, z. B. Erdbeben, Flutkatastrophen etc. auf. Unseriöse Hilfsorganisationen bitten um Spenden für die notleidende Bevölkerung der betroffenen Region. Die gesammelten Gelder landen allerdings in den eigenen Taschen der Betrüger statt im Katastrophengebiet.

Darüber hinaus gibt es Charity-Scams, bei denen beispielsweise ein Pastor um Spenden für ein Waisenhaus bittet, welches er vorgibt zu führen und für dessen Erhalt er sich verschrieben hätte. Eine gut gestaltete und ansprechend wirkende Webseite kann diesem Wohltätigkeitsprojekt ein seriöses Erscheinungsbild geben und angebliche, bisherige Erfolge, aber auch Probleme unterstreichen, mit denen der falsche Pastor und die vorgetäuschte Organisation zu kämpfen haben und wofür scheinbar dringend Geld benötigt wird.

JOB-SCAM

Über freundliche E-Mails kommen nicht selten Jobangebote ins Haus, die durchaus ansprechend wirken. Wer bereit ist, im Ausland zu arbeiten, dem bieten sich scheinbar ungeahnte Möglichkeiten. Bei Angeboten, die ungefragt im E-Mail-Postfach landen, sollte man äußerst achtsam sein oder diese gleich wieder löschen. Es werden Jobs in Hotels angeboten, auf Ölplattformen und in allen anderen denkbaren Branchen. Das Ganze hat allerdings häufig einen Haken: Es werden zuvor Zahlungen für Visa und Reisedokumente fällig, die der zukünftige Arbeitgeber vorgeblich besorgen will. Wenn Sie bei den echten Hotels oder Firmen anrufen, dann wird Ihnen sehr schnell klar, dass diese überhaupt nichts von den Betrugsmails wissen. Um die realen Unternehmen zu erreichen, sollten Sie nie die Angaben in den E-Mails verwenden, sondern eigenhändig die Telefonnummern bei der internationalen Auskunft erfragen oder im Internet recherchieren. In den E-Mails werden Telefonnummern und E-Mail-Adressen verwendet, die die Betrüger selbst benutzen.

Denkbar wäre, dass Sie ein Angebot für eine Modelkarriere erhalten. Der angebliche Mitarbeiter einer Modelagentur schreibt Ihnen, er sei über Ihr attraktives Profil in irgendeinem sozialen Netzwerk gestolpert. Er bittet Sie um weitere Fotos, damit ein Portfolio erstellt werden kann. Dann wird Ihr Lebenslauf angefordert und der Schwindel nimmt auch hier seinen Lauf. Um in die Fußstapfen von Heidi Klum und Co. treten zu können, ist erst einmal eine Gebühr fällig, die wie immer vorab entrichtet werden muss.

Diese Betrugsmasche greift nicht nur per E-Mail. Auch in Online-Jobbörsen funktioniert der Betrug einwandfrei. Stellen Sie sich vor, Sie möchten einen Babysitter-Job annehmen. Es gibt die verschiedensten Babysitter-Portale im Internet. Sie suchen sich eines und registrieren sich als Mitglied. Sie werden von einem angeblichen Engländer oder Amerikaner kontaktiert, der aus beruflichen Gründen für einige Wochen nach Deutschland reisen muss. Der Mann schreibt, er sei alleinerziehend und benötige ein Kindermädchen, das seinen kleinen Sohn während seines Aufenthalts betreut. Er bietet Ihnen eine gute Bezahlung an. Sie bewerben sich und bekommen logischerweise diesen Job. Danach erhalten sie per Post einen Scheck von Ihrem neuen Arbeitgeber – der Arbeitslohn für die erste Woche im Voraus. Der Scheckbetrag ist allerdings viermal höher als der Wochenlohn und Sie werden unter einem Vorwand gebeten, den überzahlten Betrag per Western Union oder MoneyGram (Bargeldtransfer-Dienstleister) an eine dritte Person zu senden. Wenn Sie den Anweisungen folgen und den Scheck einlösen, dann werden Sie Opfer eines klassischen Scheckbetrugs. Auf das Thema Scheckbetrug werden wir später in diesem Buch noch gesondert eingehen.

Tiere, Waren

Auf den Online-Marktplätzen rund um die Welt, so auch im deutschsprachigen Raum sind jede Menge Betrüger zu finden. Auch hier funktioniert die Vorschuss-Masche anscheinend recht gut. Die Ware wird üblicherweise im Voraus bezahlt. Einfachste Masche: Die Zahlung erfolgt ins Ausland, die Ware kommt aber niemals beim Käufer an. Auch hier zieht der Scheckbetrug, indem ein überhöhter Scheck ausgestellt wird und der überzahlte Betrag an eine andere Person gesendet werden soll.

Es gibt unzählige weitere Scam-Variationen und die Betrüger erfinden sich und ihre Geschichten immer wieder neu. Allerlei Dienstleistungen, Kreditangebote und Versicherungen gehören ebenso zu ihrem Repertoire, wie auch Delikte im Bereich von Vermietung und Kauf von Immobilien oder bei Zimmerbuchungen im Hotelgewerbe. Es würde den Umfang dieses Buches sprengen, auf alle einzeln einzugehen. Der interessierte Leser kann sich bei Scambaiter-Deutschland und dem dazugehörigen Forum weitergehend informieren: www.scambaiter.info. Bei Scambaiter-Deutschland handelt es sich um eine Gruppe von Menschen, die sich mit Vorschussbetrug und der Nigeria-Connection beschäftigt und aufklären möchte.

Zu erwähnen sei aber noch der Hitman-Scam, eine Abart, die das potentielle Opfer sehr erschüttern kann. Beim Hitman-Scam erhält der E-Mail-Empfänger eine Morddrohung. Es wird ihm weisgemacht, dass es jemanden gibt, der seinen Tod wünscht und daher einen professionellen Mörder engagiert hat. Der angebliche Berufsmörder meldet sich schriftlich bei dem potentiellen Opfer und bietet einen Deal an: Wenn das Opfer einen gewissen Betrag bezahlt, dann würde er von seinem Vorhaben absehen und dem Opfer und seiner Familie nichts zuleide tun. Diese E-Mails erscheinen bedrohlich und können bei hochsensiblen Menschen panische Ängste hervorrufen.

Finanzagenten

Finanzagenten nehmen eine Sonderstellung im Betrugsgeschäft ein, weil sie gleichsam Opfer und Täter sind, wenn auch ungewollt. Im Jargon der Scambaiter werden sie als Mulis (Kurzform von Maultier) bezeichnet, da sie von den Betrügern als „Arbeitstiere" angeworben und benutzt werden.

Finanzagenten nehmen Geldbeträge entgegen, behalten einen prozentualen Anteil ein und leiten den Rest des Geldes an die Betrüger weiter. Da die Scammer, die aus den Betrugsdelikten gewonnenen Gelder nicht direkt erhalten, sondern Finanzagenten dazwischengeschaltet sind, minimieren sie ihr eigenes Risiko gefasst zu werden und wälzen das komplette Wagnis auf die Agenten ab, die sich der Geldwäsche und des Betruges strafbar machen.

Finanzagenten werden weltweit angeworben, es gibt sie in allen europäischen Ländern, in den USA, Südamerika und Asien. Nicht nur die Nigeria-Connection bedient sich dieser Finanztransferdienstleister, sondern sie werden auch von den unterschiedlichsten international arbeitenden Betrügerbanden unterhalten.

Sollten Sie ein Jobangebot erhalten, dass in etwa aussieht wie das folgende, dann versucht man, Sie als Finanzagent anzuwerben:

Sehr geehrter Herr Kramer,

wir bedanken uns bei Ihnen für das gezeigte Interesse. Unsere Firma "Koix-Group" ist froh Sie begrüßen zu können!

"Koix-Group" ist eine moderne, wachstumsstarke Firma, die hohe Vergütung der Arbeit und flexibles Eingehen auf jeden Kunden anbietet. In deutschen Zweigstellen unserer Firma arbeiten erfolgreich mehr als 200 Mitarbeiter. Schwerpunkt unserer Tätigkeit ist Steueroptimierung. In unserer Arbeit vereinbaren wir innovatives Vorgehen und hohe Professionalität, wir bieten Ihnen hohe Vergütung der Arbeit, flexibles Eingehen auf jeden Mitarbeiter an. Ich heiße Iris Muster und ich bin Ihre persönliche Ansprechpartnerin.

Die Verdienstmöglichkeit, die wir Ihnen anbieten möchten, ist sehr leicht und verlangt keine Geldanlagen Ihrerseits. Der Zeitaufwand für diese Arbeit ist gewöhnlich 1-2 Tage in der Woche, 2-3 Stunden pro Tag. Wir vereinbaren mit Ihnen den Tag und Zeit der Transaktion. Sie erhalten die Geldüberweisung auf Ihr Bankkonto. Sie heben das Geld in bar ab und schicken unserem Agenten 80 Prozenten von dem erhaltenen Betrag via Western Union oder kaufen mit diesem Geld Gutscheine von den Zahlungssystemen Ukash oder Paysafecard und übermitteln uns die Daten per E-Mail. 20 Prozent von dem erhaltenen Betrag behalten Sie für sich als Provision. Die Provision von jeder Überweisung bekommen Sie sofort, wenn das Geld Ihrem Konto gutgeschrieben wird. Der Betrag der Überweisung macht gewöhnlich 3000-8000

Euro aus, die Beträge können aber auch viel größer sein. In der Regel finden 3 - 4 Überweisungen im Monat auf ein Konto statt, kann aber auch nachIhrem Wunsch geändert sein. Alle zusätzliche Kosten und Steuern werden von unserem Unternehmen übernommen. Unsere Firma hat alle notwendige Genehmigungen und Lizenzen zur Ausführung dieser Tätigkeit auf dem Gebiet der Europäischen Union (Deutschlands). Unsere Zusammenarbeit ist absolut legal und durchsichtig sowohl für Finanzamt als auch für Ihre Bank.

Beschreibung der Tätigkeit:
1. Ich rufe Sie an und wir vereinbaren mit Ihnen Betrag der Überweisung und Zeitpunkt, wann wir unsere Zusammenarbeit beginnen.
2. Unsere Finanzabteilung überweist das Geld auf Ihr Konto und wir teilen Ihnen per E-Mail oder telefonisch die Daten der Überweisung mit.
3. Nachdem das Geld Ihrem Konto gutgeschrieben wurde, geben Sie mir Bescheid darüber per e-Mail oder telefonisch.
4. Sie gehen zu Ihrer Bank und heben den überwiesenen Betrag in bar ab.
5. Sie nehmen Ihre 20 prozentige Provision, von dem überwiesenen Betrag, z.B. wenn Sie 5000 Euro auf Ihr Konto überwiesen bekommen, behalten Sie 1000 Euro für sich selbst.
6. Sobald Sie das Geld abgehoben haben, rufen Sie mich an und bestätigen, dass das Geld in Ihren Händen ist.
7. Sie transferieren uns 80 Prozent des überwiesenen Betrages auf eine von diesen zwei Möglichkeiten. Wir vereinbaren mit Ihnen im Voraus, welche Vor-

gehensweise in jedem Fall für uns und für Sie günsti-ger sein wird.

Vorgehensweise 1 - Gutscheine Paysafecard oder Ukash (Gutscheine sind frei ohne Gebühren in mehr als 5000 Verkaufsstellen in allen Städten Deutschlands erhältlich)

a. *Ukash und Paysafecard Gutscheine sind jetzt erhält-lich bei folgenden Tankstellen: Agip, Avia, Esso, OMV, Q1 und Westfalen oder kaufen Sie Ukash in vielen tausend Supermärkten oder Call-Shops, in de-nen Sie E-pay Logo sehen. Die nächstgelegenen Ver-kaufsstellen werden wir Ihnen gerne mitteilen. Ukash-Gutscheine sind ohne zusätzliche Gebühren erhältlich (falls Sie Ukash-Karten im Wert 4000 Euro kaufen sollen, dann brauchen Sie dafür auch nur 4000 Euro).*

b. *Sie kaufen Ukash oder Paysafecard Gutscheine für 80 Prozent von dem überwiesenen Betrag (im angege-benen Beispiel ist das 4000 Euro) mit dem maximal möglichen Nominalwert.*

c. *Sobald bares Geld in Ukash oder Paysafecard Gut-scheine eingelöst wurde, rufen Sie mich an und be-stätigen, dass alles erledigt ist.*

d. *Sie schicken mir Pinn-Nummern und Nominalwert von Gutscheinen (es ist perfekt, wenn Sie die techni-sche Möglichkeit hätten, Fotos oder eingescannte Kopien von den Seiten der Gutscheine an uns zu-schicken, wo PIN-Codes und Nominalwert ersicht-lich sind).*

Vorgehensweise 2 - Bargeldüberweisungen mit Western Union (diese Variante ist weniger vorteilhaft für Sie, weil man bei Western Union Gebühren von 5 bis 7 Prozent für Überweisungen zahlen muss)

a. Ich schicke Ihnen eine SMS mit den Daten des Empfängers der Überweisung.

b. Sie gehen zur nächstgelegenen Western Union Filiale, um 80 Prozent von dem erhaltenen Betrag zu überweisen (wie im vorangegangenen Beispiel 4000 Euro). Sie tragen die Daten des Empfängers der Überweisung, die ich Ihnen per sms mitgeteilt habe, ins Formular ein, übergeben dem Mitarbeiter das Geld 4000 Euro für Überweisung plus Gebühr für die Western Union Transfer (Gebühr für Überweisung hängt von dem überwiesenen Betrag ab und liegt zwischen 5 und 7 Prozent) Sie erhalten eine Kopie des Formulars, worauf die Kontrollnummer der Überweisung (MTCN) ersichtlich ist.

c. Sobald Sie die Transaktion durchgeführt haben, rufen Sie mich an, bestätigen, dass alles erledigt ist und teilen mir die Daten der Überweisung mit.

d. Dann schicken Sie uns die Daten der Überweisung per e-Mail (es wäre sehr gut, wenn Sie technische Möglichkeit hätten, die fotografierte oder eingescannte Kopie des Formulars uns per e-Mail zu schicken).

e. Wir vereinbaren mit Ihnen Termin der nächsten Überweisung.

Wir können unsere Zusammenarbeit schon in nächster Zeit beginnen, dafür ist folgendes notwendig:

1. Ihr Konto soll im Plus oder bei 0 stehen;

2. Um die Überweisung zu tätigen, brauchen wir folgende Daten von Ihnen:

Voller Name des Kontoinhabers, Geburtsdatum, Name der Bank, BLZ, Kontonummer, Telefonnummer (Festnetz, Handy), komplette Adresse des Kontoinhabers (Land, Stadt, Postleitzahl, Straße, Hausnummer)

Sie können uns mehrere Konten zur Verfügung stellen, auf diese Weise können Sie mehrere Überweisungen erhalten und Ihr Einkommen steigern. Ihre Kontoverbindungen teilen Sie uns bitte in einer E-Mail mit.

Wenn Sie die Ausführungsweise verstanden haben, schicken Sie uns die nötigen Informationen und wir können mit einer Zusammenarbeit beginnen.

Wenn Sie zusätzliche Fragen haben, stehe ich Ihnen gerne zur Verfügung.

Mit freundlichen Grüssen,
Iris Muster
Beraterin der Finanzabteilung
"Koix-group"

Da die Überweisungen auf das Konto dieser sogenannten Finanzagenten von Opfern betrügerischer Machenschaften stammen, werden die eigentlichen Geschädigten versuchen, die Überweisung rückgängig zu machen. Somit wird die vorangegangene Transaktion storniert und der Finanzagent bleibt auf dem entstandenen Schaden sitzen, da er bereits den größten Teil des Geldes per Bargeldtransfer weitergeleitet hat. Zusätzlich darf der Finanzagent noch mit einer Strafanzeige wegen Geldwäsche rechnen.

Was ist Romance-Scam?

Bei einem Romance-Scam verliebt sich ein Mann oder eine Frau online in eine fiktive Person, die nicht real existiert, sondern es verbirgt sich ein Betrüger dahinter. Seinen Namen und seine Lebensgeschichte hat der Betrüger frei erfunden oder er hat die Identität einer echten Person übernommen. Die verwendeten Fotos, die diese Person angeblich zeigen, werden aus dem Internet aus ungesicherten Profilen und Online-Fotoalben kopiert und somit gestohlen. Im Gegensatz zu den anderen Scam-Arten wird hierbei nicht an die Geldgier der potentiellen Opfer appelliert, um sie finanziell auszunutzen, sondern es werden deren Mitgefühl, Empathie und Liebe bis zum Äußersten missbraucht.

Gewöhnlich treffen sich die Beiden (Täter und Opfer) in einer Partner-/Singlebörse oder einem Sozialen Netzwerk und beginnen ein harmloses Gespräch. Jeder erzählt von sich, Bilder werden ausgetauscht, Gedanken geteilt. Schon bald kommen Gefühle ins Spiel und aus der Konversation entwickelt sich eine Romanze, die von dem Betrüger geschickt inszeniert wird. Dieser Prozess dauert von wenigen Tagen bis zu mehreren Wochen. Er dient der Vertrauensbildung und der gefühlsbetonten Bindung, damit das potentielle Opfer keinen Verdacht schöpft, wenn wenig später ein dringender, verzweifelter Hilferuf von der geliebten Person kommt. Ein Unfall, ein Überfall, Krankheit oder ein schwerwiegender Verlust während eines geschäftlichen Aufenthaltes im Ausland führen dazu, dass der Schatz Hilfe benötigt. Dabei wird ein enormer zeitlicher und emotionaler Druck auf das Opfer ausgeübt, damit dieses keine Zeit zum Nachdenken erhält und nicht zur Besinnung kommt, sondern das Geld umgehend an den Betrüger sendet.

Der Verlauf eines Romance-Scams kann sich aber auch anders entwickeln und mit anderen Betrugsformen gemischt werden wie z.B. mit dem Kreditkartenbetrug. Hierbei kauft der Betrüger im Internet elektronische Artikel oder Markenkleidung und bezahlt diese mit gestohlenen Kreditkarteninformationen. Er benutzt sein verliebtes Opfer als Warenagent, indem er dessen Adresse als Lieferadresse beim Kauf angibt. Dem Opfer wird eine plausibel erscheinende Geschichte erzählt, damit es die Ware nach Erhalt an ihn weiterleitet. In der Folge macht sich das Opfer rechtlich zum Mittäter und haftet in jedem Falle für den entstandenen Schaden.

Es gibt so viele Variationen des Romance-Scams, dass es den Rahmen des Buches auch dieses Mal sprengen würde, alle aufzuzählen. Stellvertretend werden nachfolgend einige von den Betrügern häufig benutzen Romance-Scam-Maschen erwähnt.

Stellen Sie sich vor, Sie sind männlich und auf der Suche nach einer Partnerin. Aus irgendeinem Grund haben Sie in Ihrem Umfeld nur wenige Chancen, die passende Frau zu finden. Daher versuchen Sie Ihr Glück im Internet und Sie melden sich bei einem dieser Dating-Portale an. Sie lernen die eine oder andere gewöhnliche Frau kennen. Doch plötzlich schreibt Ihnen eine sehr attraktive, junge Frau, deren Äußeres Sie sehr anspricht. Sie starten eine Unterhaltung und mit der Zeit kommen Sie sich näher. Nach und nach lernen Sie die junge Frau immer besser kennen und können es kaum erwarten, sich am nächsten Tag wieder mit ihr zu unterhalten. Sie verspüren ein leichtes Kribbeln und sukzessive gehen Sie eine emotionale Bindung mit ihr ein. Irgendwann reicht Ihnen und Ihrer Partnerin diese Online-Beziehung nicht mehr aus. Es besteht der dringende Wunsch, sich persönlich zu treffen. Sie wollen sich sehen, riechen, anfassen und natürlich auch miteinander reden, vielleicht sogar eine gemeinsame Zukunft aufbauen. Die junge, hübsche Frau ist jetzt Ihre Vertraute und Geliebte. Unglücklicherweise wohnt sie nicht in Ihrer Nähe, sondern weit weg, in einem anderen Land und wie sollte es anders sein, sie hat kein Geld, um das Flugticket zu kaufen. Daher ist sie auf Ihre Hilfe angewiesen. Sie bittet Sie ganz nett und versucht Sie zu umgarnen, zu bezirzen, so dass Sie die Kosten für den Flug übernehmen. Egal, aus welchem Land sie kommt, sie muss sich ein Visum für die Einreise nach Deutschland (Österreich, Schweiz) besorgen sowie weitere Formalitäten erledigen. Auch hierfür benötigt sie Ihre finanzielle Unterstützung. Würden Sie ihr helfen? Schließlich ist es Ihr großer Wunsch, Ihr geliebtes Mädchen persönlich kennenzulernen, Sie können es kaum erwarten, sie endlich in die Arme zu nehmen, zu küssen und...

In vielen Fällen zahlen Männer tatsächlich und fahren zum Flughafen, um ihre Freundin abzuholen. Leider umsonst, denn die Herzensdame ist nicht im Flugzeug.

Beim nächsten Beispiel handelt es sich um einen Amerikaner, der im Internet eine bildschöne, junge Westafrikanerin kennengelernt hatte. Die Beiden verliebten sich ineinander und wollten sich im wirklichen Leben treffen. Leider war es ihr nicht möglich, ein Visum für die USA zu bekommen, aber es ergab sich die Möglichkeit für ein Treffen in London. Der Amerikaner bezahlte ihr den Flug und setzte sich ebenfalls in den Flieger, um seiner großen Liebe auf dem Londoner Flughafen Heathrow zu begegnen. Er traf ein - sie nicht. Nachdem er lange vergeblich gewartet hatte, musste er unverrichteter Dinge wieder nach Hause in die USA zurückfliegen. Dort erreichte ihn der Anruf der jungen Lady, dass sie ihre Pläne wegen eines Notfalls leider ändern musste. Sie bat ihn um einen weiteren Betrag, damit sie sich doch noch treffen könnten. Auch dieser Bitte kam der Amerikaner nach. Es folgten noch weitere Versuche, die junge Frau zu treffen, aber auch diese schlugen fehl.

Die westafrikanischen Romance-Scammer benutzen vorwiegend Fotos von weiblichen Fotomodellen oder Pornodarstellerinnen, um ihre männlichen Opfer zu ködern. Sollten Sie mit einer weißhäutigen Schönheit in Kontakt sein, die sich in Westafrika aufhält und im Internet auf Partnersuche ist, dann können Sie sich gewiss sein, dass am anderen Ende der Leitung nicht die schöne Frau mit Ihnen chattet, sondern ein männlicher, dunkelhäutiger Einheimischer. Im Falle eines Telefonats werden Sie natürlich eine weibliche Stimme hören, die allerdings zu der Freundin oder zu einer Verwandten des Betrügers gehört und entsprechend instruiert worden ist.

Diese Methode des Betrugs wird nicht nur von Westafrika aus praktiziert. Ein zweiter geographischer Ausgangspunkt des auf männliche Opfer ausgerichteten Romance-Scams ist Osteuropa. In diesem Zusammenhang wird die Stadt Yoshkar-Ola in Russland häufig genannt, die als Herkunftsort vieler Bride-Scams identifiziert wurde. Neben Russland kommen die Bride-Scammer ferner aus der Ukraine, Rumänien, Weißrussland, Moldawien, Armenien, Aserbaidschan und Kasachstan. Die Masche ist die Gleiche wie bei den westafrikanischen Betrügern der Nigeria-Connection. Die Angebetete benötigt Geld für Flug und Visum, wird aber nicht erscheinen. Hier werden ebenfalls Notfallsituationen inszeniert, um an weiteres Geld zu kommen. Möglicherweise ist der Winter sehr hart und der Ofen in der Wohnung ist ausgefallen, sie hat nicht genügend Geld für Brennholz, Kohle, warme Kleidung oder die Mutter ist schwerkrank geworden. Überdies sitzen hier gleichfalls keine Frauen am Computer und schreiben die E-Mails. Es sind männliche Betrüger, die Fotos von bildschönen, jungen Mädchen benutzen, die durchaus sexuell freizügig sein können.

Noch einen Schritt weiter gehen die asiatischen Betrüger, z.B. von den Philippinen. Sie schicken nicht nur sexuell freizügige Bilder, sondern sie zeigen die jungen Frauen auf Web-Cam, um das potentielle Opfer so zu überzeugen, Geld, Waren oder Wertgegenstände an die Betrüger zu senden.

Nicht nur Männer, auch Frauen werden Opfer des Romance-Scams. In dieser Disziplin haben die westafrikanischen Scammer der Nigeria-Connection die Nase vorn, da sich die russischen und asiatischen Betrüger auf männliche Ziele konzentrieren. Man findet die westafrikanischen Betrüger ebenfalls in sozialen Netzwerken und in allen Partner-/Singlebörsen. Als Wohnsitz geben sie die USA, Großbritannien oder sogar Deutschland an. Sie schreiben in Englisch oder in gebrochenem Deutsch, das oft mit Hilfe eines Online-Übersetzungsprogramms entstanden ist. Wurde beispielsweise als Wohnsitz Berlin angegeben, dann ist die Betrugsstory entsprechend angepasst: Die Mutter war Deutsche, der Vater Amerikaner. Er selbst ist in den USA aufgewachsen, nun aber seit einigen Wochen in Berlin und sucht eine Lebenspartnerin in Deutschland.

Aber meistens geben die Scammer vor, sich zurzeit in den USA oder im europäischen Ausland aufzuhalten. Sie suchen sich aus einer großen Anzahl von möglichen Berufen den heraus, der am besten zu ihrer Story passt. Sie täuschen vor, selbstständig zu sein, sie arbeiten angeblich als Bauingenieur, Autoimporteur- oder -exporteur, Geologe, Journalist, Baustoffhändler, Goldhändler, Kunsthändler oder betreiben einen Handel mit elektronischen Artikeln. Auch hier kennt die Fantasie keine Grenzen. Der weitere Verlauf der Scam-Geschichte läuft wie bereits geschildert ab. Es wird Liebe vorgetäuscht und ein starkes emotionales Band geknüpft. Bevor es zu einem Treffen kommt, muss der geliebte Partner geschäftlich nach Westafrika oder Malaysia reisen. Er verspricht aber, nach der Geschäftsreise sofort seine Liebste zu besuchen. Auf der Reise gerät er in finanzielle Bedrängnis. Er kommt nicht an sein gut gefülltes Bankkonto, die Botschaft kann nicht helfen und auch die Geschäftspartner nicht. Er steht ganz allein da, alle Welt hat sich gegen ihn verschworen und nur die Geliebte, die zuhause auf ihn wartet, kann noch helfen. Ansonsten sei er verloren, gestrandet oder komme ins Gefängnis. Er wirkt völlig verzweifelt und desorientiert.

Auch in diesen Fällen wird oft mehrfach hintereinander Geld an die Betrüger gesendet, sei es aus Liebe, aus Mitleid oder aus beidem.

Irgendwann realisieren die Betroffenen, dass sie betrogen wurden. Einige können sich aber nicht von der Geschichte lösen, es ist ihnen unbegreiflich, dass sie betrogen worden sein könnten und glauben immer noch, dass die Geschichte wenigstens ein Fünkchen Wahrheit beinhaltet und die Frau oder der Mann ihres Herzens tatsächlich ein Opfer der widrigen Umstände geworden ist. Selbst wenn der finanzielle Verlust sehr hoch ist und die Betroffenen wissen, dass sie betrogen wurden, versuchen die Scammer weiter, den Kontakt aufrecht zu erhalten und mit anderen rührseligen Geschichten weiteres Geld zu erbeuten. Erst wenn ein Scam-Opfer gar nicht mehr bereit ist, Zahlungen zu leisten, lassen sie von ihm ab. Letzter möglicher Akt: Am Ende stirbt der oder die Geliebte und die Familie des/der Verstorbenen benötigt Geld für die Beerdigung. Wollen Sie, dass Ihre große Liebe einfach nur im Staub verscharrt wird? Die Story-Lines sind endlos, es wird immer an das Gewissen der Scam-Opfer appelliert, um so das Letzte aus ihnen zu pressen.

In letzter Zeit häufen sich die Berichte über den Military-Dating-Scam. Hierbei handelt es sich um eine Mischung zwischen klassischem 419er-Scam und Romance-

Scam. Der Betrüger behauptet, ein amerikanischer Soldat bzw. Offizier zu sein. Er befindet sich in einem aktuellen Krisengebiet. Vor einiger Zeit noch wurde der Irak häufig als Einsatzgebiet angegeben, jetzt ist es bevorzugt Afghanistan. Der angebliche US-Amerikaner sucht eine Lebenspartnerin, mit der er sich nach seiner Militärzeit zur Ruhe setzen möchte. Er nimmt Kontakt mit einer partnersuchenden Frau auf und in den Tagen und Wochen, in denen sie sich per Mail und per Chat im Instant-Messenger näher gekommen sind, verliebt sie sich in den schneidigen Soldaten, dessen Bilder ihr sehr gut gefallen. Auch ist er sehr einfühlsam und geht auf ihre Bedürfnisse ein. Sobald der Scammer bemerkt, dass das Opfer total verliebt in ihn ist, erhält die Frau folgende, überaus pathetische, aber durchaus wirkungsvolle Mail. Das englischsprachige Original ist ins Deutsche übersetzt worden:

Mein Liebling,
wie geht es Dir? Ich freue mich über jede E-Mail von Dir. Jeden Morgen, wenn ich erwache, sehe ich in meinen Posteingang, ob eine Nachricht von Dir eingetroffen ist. Seit langer Zeit bin ich nicht mehr so glücklich gewesen wie jetzt. Ich verspreche Dir, dass ich nie Dein Herz brechen und Dich nie verlassen werde. Mit Dir allein werde ich den Rest meines Lebens verbringen.

Sweetheart, ich bin besorgt. Ich habe Dir etwas zu sagen, weiß aber nicht, wie Du darauf reagierten wirst. Meine Liebe, ich bin mit einer Kampfmission beauftragt worden. Einige Terroristen haben den Bruder des Präsidenten von Afghanistan ermordet und wir haben die Infor-

mation erhalten, dass sie sich in einem Haus in der Stadt Kandahar aufhalten. Kandahar ist etwa 3 Stunden von Kabul entfernt, wo mein Lager ist. Jetzt bin ich von der Generalversammlung beauftragt worden, meine Truppe in diese Mission zu führen.

Es ist ein lebensbedrohlicher Kampfeinsatz und ich weiß nicht, was dort geschehen wird. Ich bitte Dich für mich zu beten, damit ich wieder gesund und lebendig zurückkomme. Im Moment fürchte ich mich und ich bete, dass ich nicht auf dem Schlachtfeld sterbe. Bitte, ich brauche Deine Gebete. Betet zum Allmächtigen um mich, um der Liebe Willen, die uns zusammengefügt hat. Ich kann ohne dich nicht leben und ich weiß, du kannst nicht ohne mich leben.

Ich möchte jetzt, dass Du mutig und stark bist. Ich möchte, dass Du fest an mich glaubst. Ich liebe dich so sehr und ich weiß, dass die Liebe, die wir füreinander empfinden, mich zurück in Deine Hände bringen wird. Dies wird die letzte Mission sein, die ich führe und begleite. Alles was ich jetzt brauche, ist Deine Unterstützung durch Deine Gedanken.

Ich liebe Dich so sehr, mein Baby. Leben ohne Dich hätte keinen Sinn mehr. Du bist die einzige Frau, die jemals bei mir diese Gefühle auf diese Weise hervorgebracht hat und mit Dir hat sich mein Leben zum Besseren gewendet. Ich werde an Dich denken, wenn ich auf die Mission gehe und Deine Liebe wird mich wieder sicher zu Dir zurückbringen. Ich werde für etwa 18 Stunden verschwunden sein. Hab' keine Angst, ich werde bald wieder bei Dir sein. Ich liebe Dich so sehr. Bye.
Dein Geliebter
Will

Nach ein oder zwei Tagen kehrt der geliebte Will aus dem Kampfeinsatz zurück, zwar verletzt aber guter Dinge.

Mein Liebling,
wie geht es Dir? Ich bin gerade von meiner Mission zurückgekehrt und ich habe überlebt. Deine Gebete haben geholfen, Honey. Ich bin ernsthaft am rechten Arm und am Rücken verletzt und ich bin jetzt im Krankenhaus, in dem die Ärzte einen Check-Up bei mir vornehmen werden. Ich wollte aber erst diese E-Mail schreiben, damit Du weißt, dass ich nicht im Kampf gefallen bin. Sobald ich den Check-Up hinter mir habe, werde ich Dir schreiben, wie die Mission gelaufen ist. Ich brauche auch Deine Hilfe in einer wichtigen Sache. Ich werde Dir in Kürze schreiben, worum es sich handelt. Pass auf Dich auf. Ich liebe Dich und vermisse Dich.
Love always,
Will

Der heldenhafte Will wurde für seinen todesmutigen Einsatz reichlich belohnt. Die Soldaten sind bei ihrer Mission auf Geld und Vermögensgegenstände gestoßen, die sie unter sich aufteilen durften. Unser Soldat hat sich zu einem richtigen Schatz gemausert und besitzt nun ein Vermögen von 3,1 Millionen Dollar.

Meine Liebe,
die Ärzte haben die Behandlung abgeschlossen. Ich fühle mich immer noch sehr schwach. Honey, es gibt da etwas, wofür ich Deine Hilfe benötige. Während der Mission hatten wir ein schweres Feuergefecht mit Terroristen.

Wir konnten sie überwältigen und als wir das Gebäude erreicht hatten, fanden wir Waffen, Geld und einige Wertgegenstände. Ich ging zu meinem Vorgesetzen und er sagte uns, wir sollen die Sachen ins Camp bringen, was wir auch taten. Mein Vorgesetzter informierte die afghanische Regierung über unseren Fund und der afghanische Präsident hat bestimmt, dass wir den Fund behalten dürfen, als Belohnung dafür, dass wir sein Land unterstützen. Wir haben das Geld und die Wertgegenstände unter den Soldaten aufgeteilt, die an der Mission beteiligt waren. Mein Anteil an dem Geld sind 3,1 Millionen US-Dollar. Mein Vorgesetzter hat uns geraten, das Geld nicht im Camp zu behalten, weil die U.S. Regierung versuchen wird, es einzuziehen. Unsere Regierung schuldet uns aber noch eine Menge Geld und belügt uns weiterhin. Sie behaupten, dass sie uns beteiligen werden, aber das tun sie nie. So habe ich meinen Anteil an Geld in zwei Behälter gepackt, die normalerweise von den Ärzten als Transportboxen für Medikamente genutzt werden und ich habe die Ärzte gebeten, mir zu helfen. Sie haben die Boxen an eine Sicherheitsfirma übergeben. Die Behälter sind nun in England bei der Sicherheitsfirma Allen Trust Security Company (http:// allentrustsecurityco.com/) Honey, ich möchte, dass Du mir hilfst und mit der Sicherheitsfirma in England redest. Bitte kontaktiere sie und sage ihnen, dass Du meine Ehefrau bist und dass Du willst, dass die Behälter zu Dir nach Deutschland transportiert werden. Sage ihnen nicht, dass sich Geld in den Boxen befindet, sage ihnen einfach nur, dass sie die Boxen an Deine Adresse senden sollen.
Meine Liebe, bitte tue, was Du kannst und arbeite mit der Sicherheitsfirma zusammen, so dass die Behälter

sicher bei Dir ankommen. Baby, ich werde mich von meinen Verletzungen erholen und ich werde stärker sein als vorher. Ich möchte nur, dass Du weißt, dass ich Dich liebe. Es war mein letzter Einsatz in Afghanistan und ich werde bald bei Dir sein. Ich liebe Dich so sehr und ich möchte den Rest meines Lebens mit Dir verbringen. Ich liebe Dich. Bitte schreibe mir eine E-Mail, wenn Du Kontakt mit der Sicherheitsfirma aufnimmst.
Yours Lovely,
Will

Die angegebene Homepage existiert tatsächlich und ist extra für diesen Betrug eingerichtet worden. Nachdem die gutgläubige Frau die angebliche Sicherheitsfirma kontaktiert hat, erhält sie folgende E-Mail:

Guten Tag,
Ihre Angaben wurden heute Morgen an die Versendungsstelle für die weitere Bearbeitung geleitet. Dies betrifft 2 Boxen mit der Codenummer ATSC00221. Ein Diplomat mit dem Namen Kelvin Andrews wird mit der Reise beauftragt. Er wird sich bei Ihnen per Telefonanruf ankündigen, sobald er in Ihrem Land angekommen ist. Bevor die Anlieferung stattfinden kann, muss die Rechnung für den Transport per Flugzeug von London, UK zum Bestimmungsflughafen berechnet werden. Die Rechnung ist untenstehend skizziert:

Flight fee:	*450 pounds*
Tags:	*150 pounds*
Customs service:	*150 pounds*
Total:	*750 pounds*

Auch hier muss wieder einmal eine Gebühr im Voraus gezahlt werden, bevor es weitergeht. Die angebliche Sicherheitsfirma und der Soldat reden solange auf die verliebte Frau ein, bis sie weichgekocht und überzeugt ist, dass dies die einzige Möglichkeit ist, ihrem Freund zu helfen und sie sendet die 750 Britischen Pfund Sterling per Western Union an einen Finanzagenten, in diesem Fall mit Sitz in Griechenland. Leider wird dies die Frau nicht weiterbringen. Es wird weitere Verzögerungen und Probleme bei dem Transport des Vermögens geben, die weitere Zahlungen erforderlich machen. Das Vermögen und auch ihren geliebten Soldaten wird dieses Opfer nie zu Gesicht bekommen.

DIE ORGANISIERUNG DER SCAMS

LIFESTYLE DER YAHOO-BOYS

Der Begriff „Yahoo-Boy" entstand in den 90er Jahren, als junge Nigerianer die öffentlichen, englischsprachigen Yahoo-Chatrooms unterwanderten, auf der Suche nach Frauen und Männer, die sich leicht täuschen und irreführen ließen, mit dem Ziel, sie um möglichst große Geldbeträge zu erleichtern. Diese Betrüger haben absolut nichts mit dem gleichnamigen weltbekannten und erfolgreichen Internetunternehmen zu tun. Der Name wurde von der Bevölkerung in den Großstädten Nigerias und Ghanas übernommen und umfunktioniert, um damit diese Vorschussbetrüger zu bezeichnen, die im Internet ihre Opfer suchen und finden. „Yahoo yahoo" ist in diesen Städten zu einem Synonym für Aktivitäten geworden, die keiner weiteren Erklärungen bedarf.

Ein bekanntes nigerianisches Klatschmagazin[2] beschreibt die Lebensweise der jungen Scammer so: Der Ausdruck „Yahoo-Boy" ist eine gängige Phrase in den Großstädten von Nigeria. Bevor der Tag zu Ende geht, hat sich wieder eine große Anzahl von jungen Männern dem „Yahoo-Club" angeschlossen. In der Tat wird das „Yahoo-Business" nicht mehr als betrügerische Handlung gesehen, obwohl das EFCC (Economic and Financial Crimes Commission) darauf beharrt, dass sie Kriminelle wären. Sogar die Eltern der Jugendlichen unterstützen und ermuntern ihre Kinder bei ihren „Geschäften".

---

[2] City People Magazin

Für die arbeitslosen Schulabgänger ist es ein Mittel, um sich den Lebensunterhalt zu verdienen und in den meisten Schulen wird es vielmehr als Beruf und nicht als kriminelle Tat angesehen. Es wird behauptet, das „Yahoo-Business" hätte vielen sogar das Leben gerettet, weil die jungen Leute ihre Zeit bevorzugt in Internet-Cafés verbringen, statt sich dem überall gegenwärtigen und für Leib und Leben gefährlichen magischen Praktiken und dem Kultismus zuzuwenden.

Das „Yahoo-Business" wurde zu einem sehr lukrativen Geschäft. In das Leben der jungen Männer kam Glanz und Glamour. Sie konnten es sich leisten, Marken-Kleidung, teure Schuhe und Schmuck zu kaufen. Dies wurde noch mit teuren Autos getoppt. Mit ihrem Golf, BMW oder Honda kutschierten sie die Straßen auf und ab, um zu prahlen und damit anzugeben, wie gut ihr „Geschäft" läuft. Dies hatte einen so kontagiösen Effekt, dass nun alle jungen Leute in diesem Stil leben wollten.

Der Lebensstil eines typischen „Yahoo-Boys" ist extrem großspurig, grell und auffallend, so dass er heute noch reich und morgen bereits wieder bankrott sein kann. Ihm macht diese Verschwendungssucht nichts aus, da er nicht an morgen denkt. Er weiß ganz genau, dass er nur einen großen Deal braucht, um wieder auf die Straße der Anerkennung und des Reichtums zurückzukehren.

Das „Yahoo-Business" bringt die jungen Leute dazu, ihr Elternhaus zu verlassen und sich in kleinen Gruppen zu organisieren. Die Gruppen mieten sich Zimmer, in denen die Mitglieder gemeinsam leben. Besitzen sie eigene Laptops und Internetzugänge, dann arbeiten sie auch in diesen Räumen. Die Gruppenmitglieder, die sich auf den amerikanischen Markt spezialisiert haben, schlafen am Tag und arbeiten in der Nacht. Diejenigen, die den europäischen Markt abdecken, arbeiten am Tag und schlafen in der Nacht. So wird ressourcensparend und effektiv zusammengearbeitet. Die „Yahoo-Boys", die keine eigenen Laptops besitzen, und diejenigen, die einen stabileren und leistungsfähigeren Zugang zum Internet benötigen, gehen ins Internetcafé. Ab 18 Uhr abends sind fast alle Computer in den Internetcafés von Lagos besetzt. Dies hat zum einen mit der 6-stündigen Zeitdifferenz zwischen Nigeria und Amerika zu tun, wo ein hoher Anteil der potentiellen Opfer und Kunden leben, und zum andren sind in den Abendstunden auch die Mittel- und Westeuropäer im Internet anzutreffen.

An dem Tag, an dem ein Mitglied der Gruppe erfolgreich ein großes Ding dreht, sie nennen es „Hammer", versammeln sich alle Gruppenmitglieder in einem Nachtclub, um ihren Erfolg zu zelebrieren. Wenn der junge Mann ein T-Shirt mit der Aufschrift „End of Discussion" trägt, dann signalisiert er damit, dass ihm ein „Mega Hammer" geglückt ist. Die Erfolgreichsten unter den Männern werden von den jungen Frauen in Lagos angehimmelt und wie Stars gefeiert. Viele diese Mädchen haben mittlerweile das Geschäft mit dem „Yahoo-Business" auch für sich entdeckt. So hat zum Beispiel eine junge Frau ihr Studium an der Universität abgebrochen und von ihrem Geld aus dem „Yahoo-Business" einen nagelneuen Toyota gekauft.

Oder da ist Akin, 14 Jahre alt[3]. Er trägt Adidas Sneakers, eine Rolex Submariner Armbanduhr und ein Kilo Gold um seinen Hals. Akin lebt in Lagos, seine Mutter verdient als Putzfrau 30 Dollar im Monat und sein Vater ungefähr das Gleiche, indem er seine Dienste an einer Busstation anbietet. Akin hat es weit gebracht, weil er lange Tage in den Internet-Cafés verbrachte und nun ist er der Hauptverdiener in seiner Familie und für Heerscharen von Verwandten. Man kann ihn als „Yahoo Millionär" bezeichnen. Akin kauft Ware online, Laptops, Handys, Kameras, Flachbildschirmfernseher und verwendet dabei gestohlene Kreditkarteninformationen und falsche Identitäten. Die Beute wird via FedEx oder DHL zu einem Empfänger in Europa geschickt. Von dort aus wird es weiter nach Nigeria gesendet, um auf dem Schwarzmarkt verkauft zu werden. Akins Hauptarbeitsplatz ist ein Internetcafé in Ikeja, einem Stadtteil von Lagos. Er verbringt dort bis zu zehn Stunden täglich, sieben Tage die Woche, zusammengekauert vor einem der 50 Computer und arbeitet an seinem „Yahoo-Business". Dabei ist er nicht allein: Das Café ist die meiste Zeit bevölkert von anderen Teenagern. Wie Akin arbeiten sie für einen Vorgesetzten, den sie „Chairman" nennen. Der Chairman mietet die Computerzeit und wirbt die Jugendlichen an, damit diese E-Mail-Adressen und Kreditkarteninformationen aus dem Cyberspace ernten und sammeln. Akins Chairman, der selbst nichts von Computern versteht, erhält 60% Anteil aus den Geschäf-

---

[3] Nairaland. Abgerufen am 20. April 2013 von http://www.nairaland.com/37929/yahoo-yahoo-boys-fortune-magazine

ten und reserviert weitere 20%, um Polizei und andere öffentliche Institutionen zu bestechen oder auch Lehrer, die sich beschweren, dass die Jungen nicht zur Schule kommen. Trotzdem landet immer noch sehr viel Geld in Akins eigener Tasche.

An der Tür des Cafés hängt ein Schild: „WIR TOLERIEREN KEINE SCAMS AN DIESEM ORT. DAS EXTRAHIEREN VON E-MAIL-ADRESSEN, DAS VERSENDEN VON MASSENMAILS ODER KREDITKARTENBETRUG FÜHRT ZUR FESTNAHME DURCH DIE POLIZEI. KEINE 419 AKTIVITÄTEN IN DIESEM CAFE". Das Schild ist ein Witz. 419 Aktivitäten, also Trickbetrug und Vorschussbetrug ist ein nationaler Zeitvertreib, mit dem sich die Nigerianer gegenseitig in die Pfanne hauen. Es gibt keine schlüssigen Gesetze, die den Internetbetrug regeln und die Polizisten haben in der Regel keine Ahnung von Computern, die Strafen für Finanzkriminalität sind milde.

„Der abschreckende Faktor ist nicht vorhanden", sagte Thomas Oli, ein Richter aus Lagos in einem Interview und bezog sich auf einen ehemaligen Generalinspektor der Polizei, der wegen Diebstahl von 100 Millionen Dollar für nur sechs Monate ins Gefängnis musste. Das EFCC versucht, das Problem einzudämmen, aber mit nur mäßigem Erfolg. Versuche, mit Verantwortlichen der Regierung über Internetkriminalität zu sprechen, sind häufig nutzlos. Viele ignorieren das Problem oder behaupten, dies alles sei aufgebauschte Propaganda des Westens.

„Was wollt Ihr von mir?" erwidert Akin in nigeriani-
schem Pidgin-Englisch, wenn er gefragt wird, warum er
sich der Internetkriminalität verschrieben hat.

„Es ist mein gottgegebenes Talent. Unsere Politiker, die
drehen ihr Ding und ich? Ich drehe mein Ding. Ich ernähre meine Schwester, meine Mutter, meinen Vater.
Man muss überleben."

Die Straftaten die Akin und seine Kameraden begehen,
sind vielfältig: Das Abfangen von Barzahlungen aus dem
Ausland per MoneyGram oder Western Union, Scheckbetrug, Identitätsdiebstahl, Geldwäsche, Kreditkartenbetrug und unverhohlene Bettelei, indem potentiellen Opfern im Internet Lügengeschichten in allen Variationen
aufgetischt werden. Akin meint nur in knappen Worten:
„Die Weißen sind einfach zu leichtgläubig. Sie sind doch
reich und egal, was ich ihnen nehme, für die ist es doch
nur Kleingeld."

Ein weiteres Beispiel ist der Schüler einer weiterführen-
den Schule, der aus einem armen Elternhaus stammt und
einen Mega-Deal von 120.000 US-Dollar im Internet
erzielte. Er mietete ein Apartment mit drei Schlafzim-
mern für seine Mutter, bezahlte die Schulgebühren seiner Schwestern für eine Elite-Universität und richtete
ein Kleingewerbe für seine Mutter ein.

Die Beispiele sind endlos, aber nichts ist zu vergleichen
mit den „Big Boys", die über 300.000 US-Dollar und
mehr mit nur einem Deal machen. Trotz der Tatsache,
dass das EFCC dauerhaft nach ihnen fahndet, konnten
sich die meisten der „Big Boys" auf die Nachbarländer,

wie Senegal, Ghana, Cotonou und Togo verteilen. Sie haben das Geld, um sich leistungsstarke Internetverbindungen in ihre Häuser legen zu lassen und sie arbeiten nur noch von zuhause aus. Beim Romance-Scam versprechen sie weißen Frauen ihre ewige Liebe und sie schaffen es immer wieder, dass Frauen, die in ihrer Heimat nicht die gewünschte Aufmerksamkeit finden, nach Nigeria reisen, um ihrer wahren Liebe zu begegnen. Währenddessen leeren die Scammer die Bankkonten der Frauen und überlassen sie dann sich selbst.

Oder aber sie benutzen den Weg der angeblich ewigen und unermesslichen Liebe, um die Frauen zu heiraten und sich so den Weg ins Ausland zu bahnen und um eine Aufenthaltsgenehmigung in dem Heimatland der Ehefrau zu erhalten.

Weitestgehend bleiben die „Yahoo-Boys" von der Polizei verschont. Ein junger Mann wurde mit etwa 1,2 Millionen Naira (ca. 7.500 Euro) in seinem Besitz überführt. Wenig später teilte er sein Vermögen mit den Polizisten und wurde daraufhin freigelassen. Ein anderes Beispiel ist ein 19jähriger, der von einem Sicherheitsdienst festgehalten wurde, als er umgerechnet ca. 6.000 Euro bei einer Western Union Bank abholte. Auch dies konnte geregelt werden, indem er einen Teil des Geldes an die Sicherheitsdienst-Leute abgab. Da stellt sich natürlich die Frage, wie glaubwürdig sind Polizei und Sicherheitsdienste, die diese Art von Betrug eigentlich verfolgen sollten?

So global wie das Internet ist, so variationsreich ist auch das „Yahoo-Business" und die Scammer wählen sich aus den verschiedenen Möglichkeiten jeweils diejenigen heraus, die ihnen am besten liegen. Zu den geläufigsten Arten des „Yahoo-Business" gehören zum Beispiel Scheckbetrug, Kreditkartenbetrug, das Extrahieren von E-Mail-Adressen aus dem Internet, Geldwäsche durch Banküberweisungen und Transferzahlungen, das Hacken und Abhören von Telefongesprächen und der Handel mit Waren.

Die Scammer verwenden verschiedene Begriffe, die den lokalen Sprachen oder dem Pidgin Englisch entlehnt sind, beispielsweise Maga oder Maye für Dummkopf/Opfer, Apa für Kreditkarte, Soko für Banktransfer, Hammer für einen erfolgreichen Deal, Mega Hammer für einen ganz großen Deal.

Das „Yahoo-Business" ist mehr, als nur weiße Leute zu umgarnen, damit diese den Scammern Geld senden oder ihnen die Möglichkeit eröffnen, an die begehrten Einreise-Visa zu kommen. An dieser Stelle sollen stellvertretend einige der gängigsten Methoden der Betrüger näher beschrieben werden:

SCHECKBETRUG (SEKERE)

Der Scheckbetrug wird in den Kreisen der „Yahoo-Boys" allgemein als Sekere bezeichnet. Diese Art des Betrugs ist sehr beliebt und lukrativ, da es schnelles Geld einbringt. Die Betrüger richten unechte Profile auf Dating-Seiten oder anderen sozialen Netzwerken auf der Suche nach potentiellen Opfern ein. Um an gefälschte Schecks zu kommen, werden entweder im Ausland präparierte Schecks verwendet oder die Scammer fahren nach Oluwole, einem Stadtteil von Lagos, das bekannt für seine Fälscherwerkstätten ist und erhalten dort die gewünschte Ware. Danach senden sie die Schecks an die neuen Freunde, also die potentiellen Opfer im Ausland. Die Schecks sind zum Teil so gut präpariert, dass die Fälschung auf den ersten Blick nicht erkennbar ist. Ist die Lügengeschichte des Scammers gut aufbereitet und vertraut sein Opfer ihm, dann wird dieses gar nicht erst auf die Idee kommen, es könnte eine betrügerische Absicht dahinter stecken. Jemand, der über beide Ohren verliebt ist und durch eine rosarote Brille schaut, macht sich ohnehin nicht die Mühe, den erhaltenen Scheck ausgiebig zu kontrollieren. Selbst den Banken fällt es bei einer guten Fälschung schwer, diese zu entdecken. Die Scammer gehen sehr weit, um ihre Opfer auf ihre Seite zu ziehen, zu locken, zu umwerben und bei aufkommenden Zweifeln zu überzeugen.

Der Scheckempfänger reicht den Scheck bei seiner Bank ein. Der Scheckbetrag wird seinem Bankkonto gutgeschrieben und er sendet einen Teil des Betrags per Bargeldtransfer, in der Regel über Western Union oder MoneyGram, wieder zurück an den Betrüger. Grundsätzlich schreiben Banken den Scheckbetrag erst einmal auf dem Bankkonto gut – jedoch nur unter Vorbehalt. Sollte der Scheck platzen oder sich herausstellen, dass dieser gefälscht wurde, dann bucht die Bank innerhalb von 180 Tagen das Geld wieder vom Konto ab. Der Scheckempfänger bleibt demzufolge auf einen Verlust in Höhe des an den Scammer gesendeten Betrags sitzen und kann im Zweifelsfall selbst mit einer Betrugsanzeige rechnen.

Kreditkartenbetrug (APA)

Die Betrüger kommen vorwiegend über sogenannte Phishing-Mails an die begehrten Kreditkarteninformationen. Diese betrügerischen E-Mails sind ihrem äußeren Erscheinungsbild nach von einer Bank oder dem Kreditkarteninstitut (z.B. Visa oder Mastercard) selbst versendet worden. In der Mail wird darum gebeten, die Daten der Kreditkarte zu verifizieren. Der E-Mail-Empfänger wird aufgefordert, sich über einen in der Nachricht aufgeführten Internet-Link auf die Homepage des Kreditkarteninstituts einzuloggen, um als Inhaber der Kreditkarte die Informationen in das angezeigte Formular einzutragen. Diese Homepage sieht dem Original täuschend ähnlich. Das Formular kann sich aber auch als HTML-Dokument im Anhang der E-Mail befinden. Nach dem Ausfüllen muss das Opfer je nach Art der Vorgehensweise der Betrüger dieses Formular nur noch speichern, auf einen Sende-Button klicken oder als E-Mail zurücksenden. Natürlich werden die Informationen nicht an das Kreditkarteninstitut gesendet, sondern an die Betrüger.

So eine Phishing-Email kann wie folgt aussehen:

Von: Visa Europa
Betreff: Ihre Kreditkarte wurde gesperrt, weil wir ein Problem auf Ihrem Konto festgestellt haben

Sehr geehrter Kunde,

Ihre Kreditkarte wurde zu Ihrem Schutz vorübergehend gesperrt, weil wir ein Problem auf Ihrem Konto festgestellt haben. Wir gehen davon aus, dass jemand Ihre Karte ohne Ihre Erlaubnis verwendet hat. Um diese Sperrung aufzuheben, <u>klicken Sie hier</u> und folgen Sie den Anweisungen, damit Sie die Informationen zu Ihrer Kreditkarte aktualisieren können.

Vermerk: Wenn die Informationen nicht vollständig angegeben werden, sind wir leider gezwungen, Ihre Karte dauerhaft zu sperren.

Wir bedanken uns für die gute Zusammenarbeit in dieser Angelegenheit.

Dossier: PP-114-075-998

Mit freundlichen Grüßen

Kunden-Support Service

Die Betrüger benutzen die gefälschten oder gestohlenen Kreditkarteninformationen, um im Internet Waren einzukaufen, um sich bei kostenpflichtigen Partner-/Singlebörsen anzumelden, um ihren potentiellen weiblichen Opfern Blumen und Pralinen zu senden oder um andere Leistungen zu erhalten oder zu bezahlen. Eine Frau aus den USA berichtete, dass ihr Online-Freund ihre Telefonrechnungen der letzten sechs Monate in Höhe von ca. 7.000 US-Dollar beglich und als Gegenleistung erwies sie ihm eine ganze Reihe von Gefälligkeiten. So richtete sie ihm beispielsweise E-Mail-Konten ein und auch eine VPN-Verbindung in die USA, damit er über dortige Server seine Online-Geschäfte erledigen konnte. Nach einiger Zeit meldete sich die Telefongesellschaft bei der Frau, um ihr mitzuteilen, dass die Telefonrechnungen mit gestohlenen Kreditkarteninformationen bezahlt worden waren. Sie wurde nunmehr aufgefordert, die 7.000 US-Dollar zurückzuzahlen und musste sich zusätzlich strafrechtlich verantworten.

DAS EXTRAHIEREN VON E-MAIL-ADRESSEN

Das Extractor-Business ist eine Quelle ständiger Besorgnis bei vielen Cybercafés in Nigeria, weil dieser Prozess häufig Ausfälle der Internetverbindungen verursacht und nebenher auch noch Computerviren auf die dortigen Rechner herunterlädt. Das Extrahieren von E-Mail-Adressen ist kompliziert und benötigt sehr viel Geduld und Ausdauer. Die „Yahoo-Boys" lassen sogenannte E-Mail-Spiders oder Crawlers weltweit durch das Internet laufen, um an die begehrten E-Mail-Adressen zu kommen. Nachdem Adressen aus den verschiedensten Dokumenten und Webseiten im Internet extrahiert wurden, werden sogenannte Scan-Mails an diese Adressen versendet. Wir kennen diese Scan-Mails unter dem Namen „Spam". Eine Scan-Mail soll scannen bzw. inspizieren, ob die E-Mail-Adressen noch aktiv sind und prüfen, ob kontaktwillige Personen hinter diesen Mailadressen stecken. Sobald Rückläufer eintreffen, indem E-Mail-Empfänger auf die Scan-Mail reagieren und antworten, beginnen die Scammer mit der Kommunikation und versuchen, den Betrug zu initiieren. Beispielsweise wird in der Scan-Mail behauptet, dass sie von einem 17jährigen jungen Mann versendet wurde, der aus einem sehr reichen Elternhaus stammt, dessen Eltern aber im Ruanda-Krieg getötet wurden. Er befindet sich zurzeit in

einer heiklen Situation, er hat nur einen Flüchtlingssta-
tus. Trotzdem ist er in der Lage, diese E-Mail aufzusetzen
und zu versenden. Er benötigt dringend einen Helfer, der
als Bürge für ihn auftritt, damit er sein Familienvermögen beanspruchen und zurückerhalten kann. Mit dem
gutgläubigen E-Mail-Empfänger wird im Verlauf der
Kommunikation ein prozentualer Anteil an dem Vermögen ausgehandelt, den er als Dank für die Hilfe behalten
darf. Der Helfer gibt seine Bankkontoinformationen
preis, damit das Familienvermögen auf sein Konto überwiesen werden kann. Tatsächlich geht nach kurzer Zeit
ein hoher Geldbetrag auf das Konto ein. Den ausgehandelten Teil behält er und den Rest sendet er an den Betrüger, ohne zu wissen, dass es sich um Geld aus einer
kriminellen Tat handelt. Dies führt uns zu der nächsten
Betrugsart, der Geldwäsche durch Überweisungen und
Transferzahlungen.

GELDWÄSCHE DURCH ÜBERWEISUNGEN UND TRANS-FERZAHLUNGEN

Transferzahlungen und Banküberweisungen sind die
besten Wege, um einen größeren Deal im „Yahoo-
Business" durchzuführen. Diese Transaktionen werden
meistens aus dem Ausland gesteuert, entweder durch
„Big-Boys", die in den USA oder Europa leben oder durch
ausländische Betrüger, die mit den westafrikanischen
Scammern zusammenarbeiten. Der „Yahoo-Boy" in Nigeria kommt hier ins Spiel, um Inhaber von Bankkonten zu
finden und deren Vertrauen zu erlangen. Die Bankkonten dienen dem Zweck, größere Geldbeträge transferie-

ren zu können. Bestenfalls erhält der Betrüger den Zugang und die Kontrolle über das Konto, so dass das Geld dort für längere Zeit deponiert und auch überwacht werden kann. Es kommt häufig vor, dass ausländische Kriminelle sich nigerianische „Yahoo-Boys" als Mittelsmänner suchen, um an Bankkonten von Personen aus dem eigenen Land zu gelangen. Ein Beispiel: Ein amerikanischer Krimineller und Hacker braucht das Bankkonto eines anderen Amerikaners, um dort Geld zu deponieren oder um über Umwegen Geld auf weitere Konten zu transferieren. Er hat eine ganze Menge Internetfreunde, darunter auch Nigerianer oder Ghanaer. Er beauftragt einen dieser Freunde, also einen „Yahoo-Boy", solch ein Bankkonto für ihn zu finden und vorzubereiten. Auf diese Art und Weise kann der Amerikaner seine eigene kriminelle Handlung verschleiern und muss nicht befürchten, eines Tages gefasst zu werden. Nachdem man sich auf einen Anteil geeinigt hat, stellt der „Yahoo-Boy" dem Amerikaner den vollen Namen des Kontoinhabers, die Kontonummer, Bankadresse, Kontonummer, BLZ und andere Angaben wie IBAN und Swift-Code zur Verfügung. Sobald der Zugriff auf das Konto gewährleistet ist, wird dieses ständig kontrolliert und überwacht, damit das Geld nicht verloren geht. Es ist ein sehr riskantes Spiel, da der größte Unsicherheitsfaktor der Inhaber des Bankkontos selbst ist. Für seine Dienste bekommt der „Yahoo-Boy" seinen eigenen Anteil über Bargeldtransfer wie MoneyGram oder Western Union ausgezahlt. Bei diesen Transaktionen geht es üblicherweise um Beträge von 200.000 US-Dollar und mehr.

Nebenbei sei noch erwähnt, dass dies der einfachste Weg
für die Betrüger ist, ein Visum für das Ausland zu erhalten, um ein neues Leben beginnen zu können. Wenn
sich der „Yahoo-Boy" das Vertrauen des E-Mail-
Empfängers und Bereitstellers des Bankkontos erschlichen hat, zusätzlich ein hoher Geldbetrag auf dessen
Konto überwiesen wurde und er im Gesprächsverlauf
erwähnte, dass er Dokumente für die Botschaft benötigt,
damit er ein Visum zur Ausreise erhält, dann stehen die
Chancen gut, dass der gutgläubige Vertraute dem Ansin-
nen nachgibt und dem Teenager die Dokumente zur
Verfügung stellt.

DAS HACKEN UND ABHÖREN VON TELEFONGESPRÄ-
CHEN (PRINTO)

Printo ist das komplizierteste Verfahren im „Yahoo-
Business", aber auch das lukrativste. Nur die gebildetsten
und intelligentesten Scammer trauen sich dieses „Geschäft" zu. Um in diesem Gewerbe erfolgreich zu sein,
muss der Scammer die englische und/oder französische
Sprache perfekt beherrschen. Printo bedeutet das Einha-
cken in das nigerianische Telefonnetz und das Abhören
von Gesprächen vom und ins Ausland. Sobald die Hacker
eine vielversprechende geschäftliche Unterhaltung gefunden haben, bereiten sie die Informationen auf, um
diese dann meistbietend an andere Betrüger zu verkaufen. Ob sie einen Käufer finden, hängt von den Inhalten
der Gespräche und dem Aufenthaltsort des ausländischen
Gesprächspartners ab. Die Käufer dieser Gesprächsinhal-
te planen sehr sorgfältig und benutzen die erhaltenen

Informationen, um den Scam aufzubauen und einzuleiten. Sie kontaktieren den ausländischen Gesprächspartner, der in der Regel in den USA oder in Europa ansässig ist, indem sie ihm ein Fax senden, um sich beim darauffolgenden Telefonat darauf beziehen zu können. Der Betrug wird also nicht durch E-Mails initiiert.

Bei dieser Betrugsart wird der ausländische Geschäftsmann nach Nigeria oder Ghana gelockt und durch eine filmreife Inszenierung vor Ort beeinflusst. Er trifft sich mit angeblichen Gouverneuren und Regierungsmitarbeitern, erhält Geleitschutz durch falsche oder bestochene Polizisten und so weiter. Die Betrüger sind auch in diesen Fällen sehr kreativ und investieren viel Zeit in die Vorbereitung solcher Geschäfte, die ein Jahr oder länger dauern können. Aber dieser Aufwand ist es den Scammern wert, da der zu erwartende Geldbetrag in die Millionen gehen kann.

HANDEL MIT WAREN (ERU)

Eru bedeutet „Ware" und ist ein Wort aus der Sprache der Yoruba, einem westafrikanischen Volk, das vorwiegend im Südwesten Nigerias lebt. Diese Form des „Yahoo-Business" basiert strikt auf dem Kauf von Produkten im Internet, die mit Kreditkarten bezahlt werden. Sehr beliebt sind unter anderem Elektronikartikel oder Markenkleidung. Wie bereits im Thema Kreditkartenbetrug erwähnt, werden dafür meistens gestohlene Kreditkarteninformationen verwendet. Es gibt aber auch Fälle, bei denen Opfer ihre Kreditkarteninformationen freiwillig preisgeben. Ein Beispiel: Ein Mann lernt eine junge Frau (Scammer) im Internet kennen und geht mit ihr eine Online-Beziehung ein. Sie erschleicht sich mit der Zeit sein Vertrauen und aus irgendwelchen Gründen benötigt die junge Frau seine finanzielle Unterstützung, die er ihr gewährt. Er überlässt ihr den Zugang zu seiner aufladbaren Kreditkarte und wenn sie seine Gunst nicht überstrapaziert, dann entwickelt sich eine Langzeitbeziehung. Somit kann der Scammer dauerhaft von der Gutmütigkeit seines Gönners profitieren. Aber auch bei gestohlenen Kreditkarteninformationen kann es mitunter längere Zeit dauern, bis der Besitzer auf den Diebstahl aufmerksam wird, wenn die Käufe mit kleineren Beträgen beginnen. Es kommt auf das Kaufverhalten und das finanzielle Vermögen des Kreditkartenbesitzers selbst an.

Die im Online-Handel erworbenen Waren werden per FedEx, UPS oder DHL an einen Partner des Scammers in den USA oder Europa gesendet. Die Lieferungen werden anhand einer Tracking Nummer überwacht, bis diese bei der Lieferadresse angekommen sind. Entweder werden die Waren direkt vor Ort weiterveräußert oder nach Westafrika weitergesendet, in der Regel über DHL. In Westafrika geht der „Yahoo-Boy" mit seinem per E-Mail erhaltenen Beleg zum örtlichen DHL-Center und nimmt die Ware in Empfang. Diese Art von Betrug ist gewissermaßen das Starter-Business und ein Zusatzverdienst für die sehr jungen Scammer, die oftmals noch zur Schule gehen. Dabei werden sie häufig selbst zum Opfer ihres Gewerbes, da außerhalb der DHL-Center und Kurierstationen die sogenannten Area-Boys lauern, die die Kinder überfallen und ihnen die Waren abnehmen.

DAS GESCHÄFT HINTER DEM GESCHÄFT

Es hat sich mittlerweile ein ganzer Wirtschaftszeig von „Zulieferern" entwickelt, um die Scammer zu unterstützen. So werden zum Beispiel „Rundum Sorglos"-Pakete verkauft, die gültige Kreditkarteninformationen, ein Satz gestohlene Fotos und einen Ablaufplan für den Romance-Betrug enthalten. Mit den Kreditkarteninformationen kann der Betrüger sich bei kostenpflichtigen Partner-/Singlebörsen anmelden. Die Fotos benötigt er für das dortige Profil und natürlich auch, um diese seinen potentiellen Opfern zuzusenden. In dem Ablaufplan, der von den Scammern „Format" genannt wird, ist die Scam-Story mehr oder weniger detailliert, inklusive Hintergrundinformationen, chronologisch aufgeführt. Das Format beinhaltet zusätzlich Vorlagen für die E-Mails, mit denen der Erstkontakt aufgebaut werden kann. Es umfasst unzählige Textbausteine für alle möglichen Situationen wie zum Beispiel Fragen- und Antwortenkataloge, für Small Talk und sogar Vorgaben für Gesprächsthemen wie „Dinge, die man gerne mit seinem Partner gemeinsam unternehmen würde" oder „Vorlieben, Abneigungen, Interessen und Leidenschaften".

Aber auch technische Hilfsmittel wie zum Beispiel das Verschleiern des Herkunftslandes der E-Mails oder für einen Chat eingespielte Fake-Videos werden den Scammern angeboten.

WER SIND DIE SCAMMER?

Wer oder was ist der typische Scammer? Sind sie in mafiaartigen Strukturen organisiert? Wie gefährlich sind sie?

Diese Betrüger können in drei Kategorien eingeordnet werden: die Professionellen, die gebildeten Opportunisten und die jungen Glückssucher.

Die Scammer sind gewöhnlich sehr jung. Die meisten von ihnen steigen bereits im Alter von 12 oder 13 Jahren in das „Yahoo-Business" ein und nur wenige Scammer sind älter als 26 Jahre. Aber diese Altersstruktur ändert sich, die einst jungen Männer werden älter und keiner von ihnen wird sich aus Altersgründen aus dem Geschäft zurückziehen. In ihrem Umfeld gibt es keine andere Möglichkeit, mit so wenig Aufwand so hohe Gewinne zu erzielen. Deshalb bleiben sie dem „Yahoo-Business" treu und profitieren von den Erfahrungen, die sie über die Jahre gesammelt haben. Sie lernen aus ihren Fehlern, ihr Vorgehen wird trickreicher und aufgrund der Routine werden sie immer abgebrühter und erbarmungsloser.

DIE PROFESSIONELLEN

Die professionellen Scammer sind nicht nur Schwindler und Betrüger, sie sind zudem höchst gefährliche Straftäter. Die zumeist älteren Erwachsenen blicken auf eine lange kriminelle Karriere zurück; eine Stufenleiter, die sie nur mit Berechnung und kaltblütiger Ader erklimmen

konnten und die ihnen nun erlaubt, eine Verbrecherorganisation zu führen. Die Professionellen sehen ihre
Aufgabe darin, junge, gut gebildete Köpfe anzuwerben,
diese in kleine Gruppen einzuteilen und deren Scam-
Aktivitäten zu fördern und zu unterstützen. Sie locken
diese jungen Leute mit der Aussicht auf das große Geld,
Reichtum und Wohlstand; sie nehmen die Neueinsteiger
in Lohn und Brot, lernen sie an und geben Tipps für die
Durchführung der Scams. Im Gegenzug müssen sich die
neuen „Mitarbeiter" bedingungslos unterordnen und ihre
Geschäfte erfolgreich durchziehen.

Der klassische Professionelle mietet die Räume, in denen
die Scammer-Teams leben, er sorgt für das notwendige
Equipment wie Laptops und Internetverbindungen und
er bucht die Computer-Plätze in den Internetcafés. In so
einer Organisation werden für gewöhnlich alle Arten des
419er-Vorschussbetrugs abgewickelt, vom Romance
Scam, über Warengeschäfte bis hin zum Lotterie-Scam.
Die Scammer-Teams einer Organisation sind derart eingeteilt, dass sie sich gegenseitig ergänzen, aber auch innerhalb der Teams herrscht Arbeitsteilung bedingt z.B.
durch Computer-Kenntnisse, Sprachfähigkeiten, Arbeitszeiten.

Wie wird das Geld bei einem erfolgreichen Scam in so
einer Organisation aufgeteilt? Der professionelle Scammer kümmert sich um das Konto und nimmt Kontakt zu
den Finanzagenten im Ausland auf, während die
Scammer-Teams ihre Opfer drängen, die Geldbeträge an
diese ausländischen Personen zu senden, entweder per
Bargeldtransfer (Western Union, MoneyGram) oder per

Banküberweisung. Die Finanzagenten leiten nach Abzug ihres ausgehandelten Anteils diese Gelder an den Professionellen weiter, der nach Erhalt der Beute dem Team bzw. den Team-Mitglieder ihren Anteil an dem Deal auszahlt. Die Professionellen sind natürlich auf das große Geld aus und kassieren häufig Beträge, die bei einem erfolgreichen Scam in die Zehntausende von Euro gehen können.

Die Professionellen präsentieren sich als respektable Geschäftsleute, die sich oft als Herren der gehobenen Gesellschaft sehen. Sie pflegen gute Kontakte zu Behörden, Politikern, sowie ins Ausland. In der Öffentlichkeit benehmen sie sich kultiviert, drücken sich gewandt aus und glänzen mit guten Manieren. Viele Leute halten sie für hervorragende Geschäftsleute, die entweder im Im- und Exportgeschäft oder einem anderen angesehenen Geschäftszweig tätig sind. In manchen Fällen führen sie tatsächlich ein angemeldetes Unternehmen, das ihnen als Fassade für ihre kriminellen Aktivitäten dient.

Der professionelle Scammer ist skrupellos. Mitleid ist für ihn eine Schwäche, die er sich nicht leisten kann. Kommt ihm jemand in die Quere, versucht jemand, seine Geschäfte zu behindern oder gar ihn zu stoppen, dann erledigt er den Störenfried auf seine Art und Weise. Er pflegt Beziehungen in beide Richtungen - zu den Gesetzeshütern und zur Unterwelt. In einer Gesellschaft in einem Land, in dem Verbrecher oder auch Mörder für lange Zeit unbehelligt leben können, wird Mord oder Totschlag in Verbindung mit einem 419er-Scam selten verfolgt.

Die Professionellen pflegen enge Kontakte in die USA, nach Europa und Asien. Sie nutzen diese Verbindungen, um sich gegenüber ihren Opfern ins rechte Licht zu setzen, den Anschein von Internationalität und Bedeutsamkeit zu erwecken und kriminelle Scheckgeschäfte und Banküberweisungen zu tätigen. Die Kontakte werden darüber hinaus benötigt, um die Opfer telefonisch zu kontaktieren, Treffen im Ausland zu organisieren, Ansprüche zu erheben oder als Verwandte oder Geschäftspartner aufzutreten.

Sollte ein Opfer versuchen, das Blatt zu wenden und damit drohen, den Scam bei der Polizei anzuzeigen, dann sind es genau diese internationalen Verbindungen, die dem Opfer mittels Telefongesprächen ankündigen, dass es selbst und seine Familie in Gefahr seien. Es gab einige Fälle, bei denen diese Kontakte konkrete Angaben zu den Häusern der Opfer machen konnten und auch andere grundlegende Details nannten, wie zum Beispiel die Uhrzeit, wann die Kinder morgens das Haus verlassen oder wann die Ehefrau zum Einkaufen fährt. Somit konnten sie Druck ausüben und den Opfern glaubhaft machen, diese in der Hand zu haben.

DIE GEBILDETEN OPPORTUNISTEN

Die gebildeten Opportunisten sind üblicherweise Studenten oder arbeitslose junge Leute, die bereits ihr Studium oder einen anderweitigen höheren Bildungsweg abgeschlossen haben. Ihre englischen Sprachkenntnisse sind daher sehr gut ausgeprägt. Sie sind mit psychologischen

Grundkenntnissen und der Fähigkeit ausgestattet, zwischen den Zeilen lesen zu können. Somit fällt es ihnen leicht, Menschen einzuwickeln und diese von ihren Geschichten (Märchen) zu überzeugen. Mit ihrer guten Menschenkenntnis und ihren Erfahrungen finden sie zügig die passenden und leicht zu beeinflussenden Opfer, die sie innerhalb kürzester Zeit beherrschen. Die gebildeten Opportunisten arbeiten effizient, indem sie zum Anfang eines Scams vorgefertigte E-Mail-Inhalte, Dokumente, Urkunden oder Textbausteine benutzen. Sobald sie erkennen, dass ein Opfer gefügig ist, widmen sie sich ihm mit ihrer ganzen Aufmerksamkeit und üben immer mehr Druck aus, bis das Opfer ihnen Geld sendet oder sie anderweitig unterstützt. Sie können das finanzielle Potenzial ihrer Opfer ziemlich genau einschätzen.

Es ist nicht überraschend, dass die gebildeten Opportunisten aufgrund ihrer Intelligenz und Bildung sehr scharfsinnig agieren und schnell aus ihren Fehlern lernen. Häufig suchen sie sich ihre Opfer aus bestimmten Ländern. Diese Länder-Vorlieben entstehen, wenn die Betrüger sich mehrfach mit Menschen aus diesen Regionen beschäftigt haben, ihre Mentalität und Eigenarten kennen und sie dort bereits erfolgreich betrügen konnten. Die gebildeten Opportunisten besitzen nicht die kriminelle Energie wie die professionellen Scammer. Wenn ein Scam funktioniert, dann ist es okay, wenn nicht, dann gehen sie unbekümmert zum nächsten Opfer über. In der Regel werden sie erst über ihren Freundeskreis auf das „Yahoo-Business" aufmerksam. Die Erfolgsgeschichten derer klingen verlockend und der veränderte Lebensstil der Freunde erscheint ihnen beneidenswert.

Es liegt in der Natur des Menschen, dass auch sie ein Stück vom großen Kuchen abbekommen wollen und auf der Seite der Gewinner stehen möchten. Sie steigen in das „Yahoo-Business" ein. Anfangs ist ihre Intention, vorübergehend finanzielle Engpässe zu überbrücken, bis sie in ihrem richtigen Job arbeiten können, dann aber wird das Scammen zur Gewohnheit. Die jungen Menschen werden von der Sucht nach dieser Form der Geldbeschaffung gepackt und die Geldgier vernebelt ihren gesunden Menschenverstand, legt ihn lahm.

Die gebildeten Opportunisten arbeiten meistens in Teams, es gibt aber auch einige wenige Einzelkämpfer, die auf eigene Rechnung arbeiten. Pro Scam erhalten sie zwischen 800 und 6.000 Dollar/Euro.

DIE JUNGEN GLÜCKSSUCHER

Die jungen Glückssucher sind Teenager und die unbedeutendsten Scammer im „Yahoo-Business". Dennoch sollte man diese Spezies nicht unterschätzen, denn zahlenmäßig ist es die größte der drei Scammerkategorien. Sie durchstreifen zu Zehntausenden die sozialen Netzwerke und bevölkern die kostenlosen Partner-/Singlebörsen mit Fake-Profilen und gestohlenen Fotos. Die Profile sind in der Regel nur mit den nötigsten Informationen gefüllt, da ihre Existenz nur von kurzer Dauer ist. In deutschsprachigen Partner-/Singlebörsen erkennt man solche Profile oftmals an dem aus einem Übersetzungsprogramm eingefügten deutschen Vorstellungstext.

Die jungen Glückssucher treten in so großer Zahl im Internet auf, dass sie für den Westen zum Synonym des typischen „Yahoo-Boys" geworden sind. Sie sind diejenigen, die ihre Opfer um 200 Dollar/Euro oder weniger bitten und die sich mit den kleinen Beträgen zufrieden geben. Viele von ihnen sehen es bereits als Erfolg, wenn sie nur 50 Euro von einem Opfer erhalten.

Die jungen Glückssucher sind relativ ungebildet und machen beim Chatten und beim Schreiben von E-Mails viele Rechtschreibfehler. Typische Fehler sind „i" statt „I" (auf deutsch „Ich") oder „am" statt „I am" (deutsch „Ich bin"). Aufgrund fehlender eigener Schreibkompetenz greifen sie gerne auf Brieftexte, Liebesbriefe oder Texte aus Liedern zurück, die im Internet frei verfügbar sind. Diese benutzen sie als Textbausteine für ihren eigenen Schriftwechsel. Leider fehlt es den meisten Opfern im deutschsprachigen Raum selbst an englischen Sprachkenntnissen, so dass ihnen dieses Defizit der Scammer oft nicht auffällt und sie dies mitunter zu einer leichten Beute werden lässt. Aber auch das Allgemeinwissen betreffend, sind die jungen Glückssucher alles andere als gebildet. Sie haben zwar eine Vorstellung davon, wie sie ihren Opfern das Geld aus der Tasche ziehen können, aber sie haben nicht das Potenzial und die Fähigkeiten, bei ihren Gesprächen so in die Tiefe zu gehen wie die gebildeten Opportunisten. Dies wird besonders dann deutlich, wenn sie bereits in der zweiten oder dritten E-Mail von der großen Liebe sprechen.

DIE PRAKTISCHE DURCHFÜHRUNG DER ROMANCE-SCAMS VOR ORT

Viele Romance-Scammer arbeiten in Teams, die sich zumeist aus befreundeten jungen Männern zusammensetzen. Diese Teams agieren entweder selbstständig oder sie unterstehen einem Professionellen, der ihren Einsatz mehr oder weniger straff organisiert.

Weibliche Scammer spielen in diesem „Yahoo-Business" eine untergeordnete Rolle und werden lediglich bei Bedarf eingesetzt. In der Regel ist es vorwiegend die Freundin oder die Ehefrau eines der Scammer, die bei den Telefonaten ihren Charme ausspielt und alle Register der Überredungskunst zieht, um die ausländischen Männer zu bezaubern und diese von ihrer Authentizität, Ehrlichkeit und Liebe zu überzeugen. Nur selten zeigen sie sich auf Cam, da sie sich häufig als Frauen mit weißer Hautfarbe ausgeben.

Der Ablauf eines „Arbeitstages" kann wie folgt aussehen: Ein Mitglied des Teams bucht ein oder zwei Plätze in einem Internet-Café für die Zeit von Freitagabend bis Samstagmorgen. Sie starten gegen 18 Uhr, wenn ihre potenziellen Opfer in Europa von der Arbeit nach Hause kommen. Mit gestohlenen Kreditkarteninformationen werden ein oder zwei Fake-Profile auf einer kostenpflichtigen Partnerbörse eingerichtet. Die erste Schicht bzw. das erste Mitglied der Gruppe kontaktiert möglichst viele Personen in möglichst kurzer Zeit. Die Eile ist notwendig, da die Gefahr besteht, dass die Profile durch aufmerksame Community-Mitglieder gemeldet und durch den Betreiber der Website gelöscht werden. Stellt die Partnerbörse seinen Mitgliedern einen internen Messenger zur Verfügung, wird dieser von den Scammern genutzt, um mit den kontaktierten Personen möglichst direkt ins Gespräch zu kommen. Meistens suchen die Betrüger gezielt nach alleinstehenden Frauen und Männern mittleren oder älteren Jahrgangs, von denen sie annehmen, dass sie finanziell besser ausgestattet seien als Menschen jüngeren Jahrgangs. Sie gehen auch davon aus, dass ältere Menschen nach festen Beziehungen und nicht nur nach einem Flirt suchen und dass sie im Umgang mit den Gefahren des Internets nicht so vertraut sind wie junge Leute. Ist der Kontakt zu einem potentiellen Opfer hergestellt und ein Gespräch eingeleitet, werden als erstes E-Mail-Adressen ausgetauscht. Somit stellen die Scammer sicher, dass sie den Kontakt auch dann nicht verlieren, wenn ihre Fake-Profile bei der Partnerbörse geblockt oder gelöscht worden sind. Schon nach wenigen Mails wird das potentielle Opfer aufgefordert, sich einen Instant-Messenger zum Chatten zu installieren. Von den Scammern gerne verwendete Messenger sind die von Yahoo, Microsoft-MSN, AOL oder auch zunehmend von Skype und Google+. Als Begründung wird angegeben, dass das Chatten und ggf. die IP-Telefonie so wesentlich komfortabler seien. Das ist natürlich richtig, dient aber trotzdem nur dem einzigen Zweck, das Opfer von der Partnerbörse wegzulocken und abseits von jeglicher Beeinflussung durch Communities einen direkten Zugang zu der Zielperson zu erhalten.

An so einem „Arbeitstag" steht die Scammergruppe mit bis zu 40 Personen in Kontakt, an jedem Computer sind zwischen 5 und 20 Chatfenster gleichzeitig geöffnet. Der Erfolg eines Teams hängt mitunter davon ab, wie gut die Mitglieder zusammenarbeiten und harmonieren. Beispielsweise lösen sie sich bei den stundenlangen Chats gegenseitig ab. Wenn ein Mitglied der Gruppe vor Müdigkeit einnickt oder nicht mehr in der Lage ist, weiter zu chatten, dann übernimmt ein anderes, ausgeruhtes Mitglied dessen Chats. Es überfliegt die bisher gehaltenen Konversationen, insbesondere die zuletzt geschriebenen Zeilen und führt die Chats einfach fort, als sei nichts passiert. Wenn die Scammer es geschickt genug anstellen, dann nehmen die Gesprächspartner eventuell eine Veränderung der Schreibgeschwindigkeit und des Schreibstils wahr, aber sie kommen selten dahinter, dass im Hintergrund ein Personentausch stattgefunden hat. Am Ende der Nacht bleiben von den ursprünglich 40 Gesprächspartnern etwa fünf bis sechs erfolgsversprechende potentielle Opfer übrig, mit denen die Scammer sich in den nächsten Tagen und Wochen weiter beschäftigen und die täglich kontaktiert werden, um eine gewisse Vertrauensbasis aufzubauen.

Wenn ein Einheimischer abends ein Internet-Café besucht, dann kann er den Scammern unauffällig bei ihrer Arbeit zusehen. Folgende Situation wurde in einem Internet-Café in Lagos beobachtet:

Das Team bestand aus zwei jungen Männern und einer jungen Frau. Die Männer saßen an zwei Computern, auf deren Bildschirmen mehrere geöffnete Chat-Fenster zu sehen waren. An diesem Abend hatte es dieses Team auf männliche Opfer abgesehen. Die beiden Männer gaben bei ihren Chats vor, Frauen zu sein und unterhielten mit ihren Gesprächspartnern über Themen wie Beziehung und Liebe. Eine der Unterhaltungen war bereits sehr intensiv und dem potentiellen Opfer aus den USA wurde eine Telefonnummer genannt mit der Bitte, diese Nummer anzurufen, was dieser Amerikaner auch umgehend tat, denn das Handy eines der Scammer klingelte. Fluchtartig übergab er das Handy an die Frau des Teams und gemeinsam verließen beide das Internet-Café, um sich draußen vor der geöffneten Tür mit dem Amerikaner zu unterhalten. Der Scammer wies der Frau an, dass ihr Name Joyce sei. Er stand während des ganzen Telefongesprächs neben ihr und gab ihr seine Anweisungen auf Yoruba, damit der Amerikaner am anderen Ende der Leitung nichts davon bemerkt. Nach dem 20minütigen Telefonat gingen sie ins Café zurück und fuhren in ihrer Arbeit fort. Mindestens noch zwei weitere Telefongespräche wurden in jener Nacht nach dem gleichen Muster geführt.

Der Recovery- oder Repeat-Scam

Der Leidensweg der Opfer ist nach der Erkenntnis, einem Betrug aufgesessen zu sein, oft nicht beendet. Wir kennen es alle aus eigener Erfahrung: Wenn man betrogen worden ist, dann gehen die Emotionen hoch. Man fühlt sich ausgenutzt, ist verletzt, verärgert oder gar wütend. Der Betrogene will Gerechtigkeit. Er möchte, dass die Betrüger dingfest gemacht und bestraft werden und natürlich möchte er sein Geld zurück. Er geht zur Polizei und erstattet Anzeige, um dann nach einiger Zeit realisieren zu müssen, dass weder die Polizei hierzulande noch die Behörden in dem Land, aus dem die Betrüger stammen, tätig werden. Der Betrogene fühlt sich hilflos, in Stich gelassen und kann diesen Umstand ganz und gar nicht verstehen. Er nimmt sich viel Zeit, um die gesamte Konversation zu dokumentieren. Er hat die Telefonnummern, E-Mail-Adressen, vielleicht sogar Dokumente von den Betrügern und er weiß, dass es die technischen Möglichkeiten gibt, diese dingfest zu machen. Er erwartet, dass sich die deutsche Polizei oder Staatsanwaltschaft mit den nigerianischen oder ghanaischen Behörden in Verbindung setzt und dass diese ihr Möglichstes tun, um solche Betrüger strafrechtlich zu verfolgen und anzuklagen. Dieses Gefühl der Hilflosigkeit und des Abwartens, ob die Behörden etwas erreicht haben, mündet häufig in tiefstem Frust. Der Wunsch nach Gerechtigkeit weicht nicht selten dem Verlangen, sich für jene Schmach rächen zu wollen.

Die scheinbare Untätigkeit der hiesigen Behörden liegt darin begründet, dass es kein Rechtshilfeabkommen zwischen Deutschland und jenen Staaten gibt, in denen die Scammer vorwiegend ansässig sind. Sie können nur dann aktiv werden, wenn die Täter sich im Inland befinden. Nach nur wenigen Wochen bekommt der Betroffene ein Schreiben von der Staatsanwaltschaft mit der Aussage, dass das Verfahren eingestellt wurde, weil die Täter nicht ermittelt werden könnten und ein weiteres Vorgehen derzeit keinen Erfolg verspräche.

Manches Opfer versucht, sich direkt an die Behörden im Ausland zu wenden, wie zum Beispiel an das EFCC (Economic and Financial Crimes Commission) in Nigeria. Offensichtlich scheint aber das EFCC sich mit „kleineren" Delikten nicht zu beschäftigen, denn das Opfer bekommt entweder gar keine Antwort oder es geht alles sehr schleppend voran und die Kommunikation versiegt nach einiger Zeit im Sande.

Aber auch in anderen westafrikanischen Ländern bewegt sich der Verwaltungsapparat erst, wenn mit etwas Geld nachgeholfen wird. In einem speziellen Fall von Romance-Scam wollte ein Amerikaner die Sache selbst in die Hand nehmen und flog deshalb nach Ghana, wo er seine Betrüger vermutete. In Accra, der Hauptstadt des Landes, ging er eigenständig zum Polizeihauptquartier, um sein Anliegen vorzubringen. Leider ohne Erfolg. Er erntete nur das amüsierte Gelächter der anwesenden, diensthabenden Polizisten, die nicht bereit waren, ihm ohne eine angemessene „Spende" zu helfen. Unverrichteter Dinge musste er wieder in die USA zurückfliegen.

An dieser Stelle setzt der Recovery- oder Repeat-Scam ein. Die Scammer wissen um die Gefühle ihres Opfers, um die emotionalen Verletzungen und die innerliche Zerrissenheit. Sie nehmen ein weiteres Mal Kontakt mit ihm auf. Ein angeblicher Anwalt, Polizist, eine Detektei oder eine offiziell anmutende Institution schaltet sich ein. Die Betrüger wählen verschiedene Vorgehensweisen, um einen Recovery-Scam zu initialisieren.

Eine Variante könnte sein, dass ein Komplize der Scammer Kontakt mit dem Betrugsopfer aufnimmt. Möglicherweise hält sich der Komplize sogar in den USA oder in Europa auf. Dieser angeblich neue Freund bietet dem Opfer seine Hilfe an, gibt ihm eine Telefonnummer, unter der er seinen Fall schildern könne. Dem Opfer wird versichert, es handelt sich dabei um die Telefonnummer eines Anwalts oder eines Polizisten, der in der Lage sei, das verlorene Geld zurückzugewinnen und die Betrüger hinter Gitter zu bringen.

Bei einer anderen Vorgehensweise wird das Opfer auf eine professionell aussehende Webseite aufmerksam gemacht. Die Homepage wirkt vertrauensvoll und sieht aus, als gehörte sie zu einer seriösen Anwaltskanzlei, die genau auf diese Fälle spezialisiert wäre. Das arglose Opfer ahnt nicht, dass die Webseite extra zu diesem Zweck präpariert worden ist. Es meldet sich bei der angeblichen Kanzlei und wird dann mit falschen Versprechungen von den Betrügern auf einen neuen Scam eingestimmt.

Eine dritte mögliche Variante für die Initialisierung eines Recovery-Scams könnte auch sein, dass jemand aus dem

Netzwerk der Scammer selbst auf das Opfer zugeht und seine Hilfe anbietet. Der Betrüger gibt vor, während des ersten Scams nur eine neutrale Position inne gehabt zu haben und dass ihn nun sein schlechtes Gewissen plage. Nach längerer Überlegung wolle er dem Betroffenen angeblich helfen.

Dieser sogenannte „Helfer" nimmt den Betroffenen an die Hand und möchte natürlich nur sein „Bestes". Er fordert das Opfer auf, eine Anzeige bei einer höheren Behörde oder einer Autorität in dem Land zu erstatten, in dem sich die Betrüger aufhalten. Es werden Namen, Telefonnummern und E-Mail-Adressen von angeblichen Staatsanwälten, hochrangigen Angehörigen der Polizei oder einflussreichen Ansprechpartnern bei Institutionen wie beispielsweise dem EFCC herausgegeben. Diese könnten angeblich direkt vor Ort schnell und unkompliziert aktiv werden. Sobald das Opfer den Köder geschluckt hat, beginnt ein neuer Scam.

Dem Opfer wird ab jetzt versichert, dass sein Fall von den örtlichen, zuständigen Behörden mit höchster Priorität bearbeitet wird und dass alles Menschenmögliche getan wird, um die Betrüger zu fassen. Innerhalb weniger Stunden sind paradoxerweise hohe Führungspersönlichkeiten involviert, die sich angeblich nur mit seinem Fall befassen. Ein fiktiver Kommissar der Polizei gibt dem Opfer das Gefühl, sich in den besten Händen zu befinden, indem er ihm zustimmt, dass schnellstmöglich gehandelt werden müsse. Im gleichen Atemzug weist der Kommissar aber darauf hin, dass so ein Spezialeinsatz das normale Budget übersteigt. Er macht dem Betroffenen plausibel, dass so ein Sondereinsatz einige zusätzliche Kosten mit sich bringt und daher finanzielle Aufwendungen seitens des Betroffenen von Nöten seien, damit die Operation erfolgreich durchgeführt werden könne. Mit diesem Zuschuss sollen personelle und materielle Mittel bezahlt werden, die den Einsatz erleichtern und unterstützen. Dies sei angeblich notwendig, um sicherzustellen, dass die Betrüger auf direktem Wege festgesetzt und strafrechtlich belangt werden können.

Alles geht sehr schnell. Dem Betroffenen wird keine Zeit zum Nachdenken gegeben und die Betrüger beschäftigen ihn rund um die Uhr. Haben die Scammer diesen Recovery-Scam geschickt eingefädelt, dann ahnt er in keiner Weise, dass er erneut Opfer eines Betrugs geworden ist. Er ist einfach nur dankbar, dass ihm geholfen wird und dass sich jemand um seinen Fall kümmert. Er glaubt tatsächlich, dass seine Betrüger in Kürze gefasst werden. Daher bezahlt er auch bereitwillig den Zuschuss, um den Einsatz der Polizei zu unterstützen und um das ganze Desaster doch noch zu einem erfolgreichen Ende zu bringen. Noch bevor das Opfer zur Besinnung kommt und begreift, was eigentlich geschehen ist, hat es erneut Geld verloren und die Betrüger kommen ein weiteres Mal ungestraft davon.

Denkweise und Rechtfertigung der Scammer

Die westafrikanischen Scammer rechtfertigen ihre betrügerischen Geschäfte mit verschiedenen Argumenten, die sich auf zwei grundsätzliche Standpunkte reduzieren lassen: Die einen sind überzeugt, Scamming wäre legitim und gerecht und die anderen sind der Meinung, Scamming wäre zwar eigentlich nicht in Ordnung, aber notwendig, um halbwegs über die Runden zu kommen. Die erste Gruppe ist die weitaus größere.

Jene, die das Scamming für legitim und gerecht halten, begründen dies mit dem Wohlstand der westlichen Welt, welcher in ihren Augen durch die Ausbeutung der Menschen während der Ära des Sklavenhandels aufgebaut worden sei. Daher sehen sie das Scam-Business als probates Mittel, um sich ihren Anteil wieder zurückzuholen. Da der Westen nicht gewillt sei, irgendeinen Ausgleich für den erlittenen Schaden zu bezahlen, sehen sie die Scams als indirektes und gerechtes Mittel der Reparation, quasi als Rückzahlung für das Leid ihrer Vorfahren und für die Ausbeutung der natürlichen Ressourcen und Bodenschätze während der Kolonialzeit.

Viele Scammer sind davon überzeugt, dass der durchschnittliche Westeuropäer wohlhabend ist und demzufolge ein Verlust von mehreren tausend Euro für ein Opfer verschmerzbar wäre. Ihrer Logik nach sind die Bürger einer wohlhabenden Industrienation genauso reich wie ihr Staat und führen ein komfortables Leben. Durch die Medien wird ihnen suggeriert, dass Europäer sich gut ernähren und kleiden können, dass Europäer einen permanenten, eigenen Internetzugang haben, ein eigenes Haus mit einer Garage und einem darin stehenden Auto besitzen. Dies sind alles Dinge, die sie sich nicht leisten können und die einem afrikanischen Durchschnittsbürger als luxuriös erscheinen.

So kurzsichtig und weltfremd diese Sichtweise auch ist, so kann man sie doch nachvollziehen, denn beispielsweise in Nigeria laufen die Dinge etwas anders. Selbst mit einem geregelten Einkommen und mit einigen Ersparnissen erhält ein Angehöriger der nigerianischen Mittelschicht z.B. für einen Hausbau keine Finanzierung und keinen Kredit von den Banken. Häuser werden generell nicht gekauft, sondern gebaut. Sie sind Familienbesitz, der nicht mehr veräußert wird. Wer ein Haus bauen will, der steht vor einem schwierigen Unterfangen. Ein Grundstück, alle Baumaterialien und alle Arbeitsleistungen, die für den Hausbau notwendig sind, müssen bar bezahlt werden. Bei einem Verdienst von umgerechnet ca. 300 Euro im Monat braucht z.B. ein Polizist seine ganze Lebenszeit, um ein vollwertiges Einfamilienhaus bauen zu können. Nach dem Erwerb eines Landstücks benötigt der angehende Hausbesitzer für eine legale Baugenehmigung entweder gute Verbindungen zu einflussreichen Persönlichkeiten oder eine Menge Geld, denn die örtlichen Behörden bevorzugen zusätzlich zu den vorgesehenen Gebühren auch noch ein gutes Handgeld. Aufgrund einer fehlenden Baufinanzierung, dauert es in der Regel viele Jahre vom Kauf des Grundstücks bis hin zum fertigen Haus. Immer, wenn ein wenig vom monatlichen Verdienst übrig bleibt, wird dies in den Hausbau investiert. Eine normale Mittelstandsperson in Nigeria muss sich also zusätzliche Einnahmequellen erschließen, wenn sie sich ein Haus und nicht nur eine illegal errichtete Wellblech- oder Lehmhütte bauen möchte.

Für einen jungen Mann ist es praktisch aussichtslos, ein eigenes Haus zu besitzen. Selbst mit einer guten Schulbildung wird er nach vielen Jahren harter Arbeit kaum in der Lage sein, sich diesen Traum zu erfüllen. Das Fernsehen zeigt Seifenopern, Sitcoms, High-School-Serien aus den USA und vermittelt ein verzerrtes Bild vom Leben der Jugendlichen in den amerikanischen Städten. Hieraus entspringt das gesamte Bild vom Westen. Die jungen Leute in Nigeria und auch in anderen afrikanischen Staaten wollen genauso leben wie die Jugendlichen in diesen Fernsehserien. Immer wieder stellen sie sich die quälenden Fragen: „Warum haben die all diese Möglichkeiten und ich sitze hier zwischen kahlen Lehmwänden und habe trotz guter Schulbildung keine Aussicht auf einen adäquaten Beruf? Warum ist die Welt so unfair? Wie schaffe ich es, auch so ein Leben führen zu können?" Die Scammer begründen und legitimieren ihre Scams damit, dass sie genau das gleiche Recht haben, so wie die jungen Menschen in Amerika oder Westeuropa leben zu dürfen. Sie schöpfen doch nur den Überfluss an Reichtum der entwickelten Welt ab, um diesen in die unterentwickelte Welt bzw. in ihre eigene Tasche zu transferieren.

Einige Scammer glauben tatsächlich, dass die westlichen Regierungen den Verlust der Opfer kompensieren. Vom „Schlaraffenland" Deutschland haben sie einiges gehört und es halten sich auch hartnäckige Gerüchte:

So kommt beispielsweise in den deutschen Küchen das Bier aus dem Hahn und die Bankautomaten werfen auch dann noch Geld aus, wenn das Konto bereits überzogen wurde. Arztbesuche und Medikamente sind kostenlos, Arbeitslose werden bezahlt und alte Menschen erhalten eine Rente. Selbst bei einem Wohnungseinbruch oder einem Autounfall wird der Verlust von den Versicherungen ersetzt. Die Scammer sind sich sicher, dass das Sozialwesen oder die Versicherungen auch für die Verluste aus den Scams aufkommen und sich um die Opfer kümmern. Für das Opfer würde daher kein Schaden entstehen, da es das Geld wieder zurückbekommt. Und wo kein Schaden entsteht, da gibt es auch keinen Geschädigten und somit gibt es auch keine Schuld.

Zugang zum Internet

Die Internet-Cafés

Die typischen Internet-Cafés in den Großstädten Westafrikas werden von ihren Betreibern rein zu geschäftlichen Zwecken eröffnet und dienen als Einnahmequellen, um sich ein Einkommen zu sichern. Es gibt zwar einige Cafés, die extra für betrügerische Zwecke eingerichtet worden sind und deren Besitzer sich aktiv am 419er „Yahoo-Business" beteiligen, das ist aber eher die Ausnahme. Für die Internet-Café-Besitzer ist es schwierig, von ihren oftmals geringen Einnahmen leben zu können. So werden viele zu passiven Tätern, indem sie die „Yahoo-Boys" stillschweigend dulden, die einen erheblichen Anteil der Kundschaft ausmachen. Typischerweise bezahlen die Scammer einen Pauschalpreis im Voraus, um die Rechner des Cafés nutzen zu können. Das „Yahoo-Business" boomt seit Jahren und ist somit für die Betreiber eine zuverlässige und wichtige Einnahmequelle, um ihren Unterhalt decken zu können.

Nur selten befinden sich Internet-Cafés in Privathäusern. Die überwiegende Anzahl ist in Geschäftsgebäuden untergebracht und den Besuchern stehen im Schnitt 10 Computer zur Verfügung. Größere Cafés bieten bis zu 40 Computerplätze an und sind von Internet Service Providern unabhängig, wenn sie mit eigenen Servern auf das Internet zugreifen. Ausgestattet mit festen IP-Adressen in einem eigenen Nummernkreis bei AFRINIC, der zentralen Registrierungsstelle für Domains auf dem afrikanischen Kontinent, können sie ihren Kunden die Vorteile großer Bandbreite und hoher Download- und Upload-Geschwindigkeit bieten. Diese Internet-Cafés sind bei den „Yahoo-Boys" besonders beliebt, weil sich in diesem Umfeld viele Möglichkeiten eröffnen und die Arbeit schneller und effizienter erledigt werden kann, beispielsweise das Versenden von Massenmails.

Die kleineren Internet-Cafés kämpfen häufig mit zu langsamen Internetverbindungen und nervenaufreibenden Wartezeiten. Wenn ein gut ausgestatteter Konkurrent mit einer schnelleren Verbindung in der Nähe öffnet, dann wandelt sich schlagartig die Loyalität der Kundschaft und sie wandert ab. Die Leute warten lieber in einer Schlange vor einem Café mit gutem Service, anstatt zu einem mit einer schlechten Verbindung zu gehen.

Die Internet-Cafés müssen sich den allgegenwärtigen Elektrizitätsengpässen stellen. Stromausfälle sind in Westafrika tägliche Gewohnheit und oft steht Strom nur stundenweise zur Verfügung. Während die großen Cafés sich leistungsstarke Generatoren leisten können, müssen die kleineren sich mit schwächeren Stromgeneratoren zufrieden geben.

Ein wichtiger Überlebensfaktor eines solchen Internet-Cafés ist der Standort. Die Verfügbarkeit von Strom ist stadtteilabhängig. In Gegenden mit einer schlechten Infrastruktur müssen die Generatoren sogar den ganzen Tag laufen. Ohne zahlungskräftige Stammkundschaft können kleinere Cafés keine hochwertigen Generatoren kaufen und ohne garantierte Betriebszeiten kommt keine zahlungsfähige Stammkundschaft, denn die vorhandenen Geräte können den Bedarf nicht abdecken. Da beißt sich sprichwörtlich die Katze in den eigenen Schwanz.

Der Elektrizitätsengpass stellt sich in Westafrika als echtes Problem dar. Nicht nur die Betreiber der Internet-Cafés müssen immer genügend Diesel für den Generator im Haus haben, auch die Privathaushalte. Hinzu kommt, dass die Mitarbeiter des Strom-Monopolisten PHCN (Power Holding Company of Nigeria) darauf beharren, dass die geforderten Beträge auch dann entrichtet werden müssen, wenn gar kein Strom geliefert wurde. Die Ursache liegt in der korrumpierten Gesellschaft. Der Großteil der Bevölkerung hängt illegal am Stromnetz. Ein legaler Zugang mit Stromzähler ist für die meisten kaum bezahlbar. Für diese illegale Nutzung zahlen sie ein regelmäßiges Bestechungsgeld an den für sie zuständigen Mitarbeiter des Stromlieferanten, auch für die Zeiten, in denen kein Strom fließt. Bei Nichtbezahlung werden die Zugänge zum Stromnetz rigoros gekappt.

Unaufrichtige Mitarbeiter sind ein weiteres Problem für die Betreiber der Internet-Cafés, denn Diebstahl und persönliche Bereicherung sind gängige Praxis in allen Branchen und Geschäftsbereichen. Einige Mitarbeiter geben zum Beispiel Passwörter an Freunde weiter, um ihnen freien Zugang zum Internet zu ermöglichen, oder sie buchen wertvolle Computerzeiten für ihre persönliche Freunde, die dann kostenlos surfen können. Dies geht natürlich auf Kosten des Besitzers, der dadurch Verluste zu verzeichnen hat. So manches Internet-Café musste komplett schließen, weil die Besitzer nicht in der

Lage gewesen waren, ihre Angestellten rund um die Uhr zu überwachen.

Die Überlebenschance der Internet-Cafés ist abhängig von ihrer Klientel. Schafft es ein Café nicht, sich in kürzester Zeit eine Stammkundschaft zuzulegen, können die laufenden Kosten von Diesel, Strom, Wartung der Generatoren, Miete, Reparaturen von Computern, Kosten des Internet Providers, Löhne für Mitarbeiter etc. nicht gedeckt werden. Die wenigsten Internet-Cafés überstehen die ersten zwei Jahre, weil sie diese laufenden Kosten unterschätzt haben.

Eine Stunde Surfen in einem Internet-Café in Lagos kostet je nach Standort umgerechnet zwischen 50 Cent und einem Euro.

INTERNET SERVICE PROVIDERS

In den letzten Jahren haben die Internet Provider immer mehr an Bedeutung gewonnen und ihre Anzahl steigt in Nigeria stetig. Die neuen Internet Provider sind Telefongesellschaften und werden als „Private Telecoms Operators" (PTOs) bezeichnet. Diese Telefongesellschaften bieten die Möglichkeit, von zuhause oder unterwegs per 3G-Technologie ins Internet zu gehen. Die Zeit für das Browsen wird ausschließlich auf Prepaid-Basis abgerechnet, das heißt, es müssen Stunden (Airtime) gekauft werden. Es werden zahllose Optionen und Preis-Leistungsvarianten angeboten, die sich auf die Dauer, die Tageszeiten, die Downloadgeschwindigkeiten und andere

Surfgewohnheiten beziehen. Jeder kann sich somit das Paket heraussuchen, welches am besten zu ihm passt. Die Ausstattung mit USB-Modem oder einem 3G-Router inklusive der Option auf freien Zugang zum Internet für 24 Stunden am Tag und 7 Tage die Woche kostet umgerechnet zwischen 60 und 75 Euro monatlich.

Diese horrenden Preise, selbst für europäische Maßstäbe überhöht, sind für einen Arbeiter, der durchschnittlich 3 bis 4 Euro am Tag verdient, utopisch und fern aller Erwägungen. Wer ein privates Laptop besitzt (Neuanschaffungspreis ähnlich wie bei uns), kauft sich für ca. 17 Euro 50 Freistunden und wägt genauestens ab, wann, wie lange und zu welchem Zweck er ins Netz geht.

Mittlerweile browsen viele der gutsituierten Nigerianer über ihre privaten Geräte und gehen nicht mehr in die Internet-Cafés. Aber auch die professionellen und erfolgreichen Scammer haben ihre Aktivitäten von den Internet-Cafés in die privaten Bereiche verlagert. Viele Scammer benutzen immer mehr ihre mobilen Endgeräte wie Blackberry und andere Smartphones, um ihre Postfächer zu kontrollieren.

RELEVANTE SITUATIONEN IN NIGERIA

Im Verlauf der Romance-Scams wird den Opfern oft suggeriert, dass angeblich die Kreditkarten nicht funktionieren oder die Banken diese nicht akzeptieren würden. Aufgrund unvorhersehbarer Schwierigkeiten oder Kostenerhöhungen habe man nicht genug Bargeld zur Verfügung, um etwaige Waren oder Dienstleistungen bezahlen zu können.

Es werden auch häufig Unglücksfälle oder Raubüberfälle vorgetäuscht, bei denen der Scammer vorgibt, dabei verletzt und ins Krankenhaus eingeliefert worden zu sein. Natürlich kann er die gesamten Kosten für die medizinische Versorgung und für notwendige Operationen nicht allein tragen. Er bittet das Opfer um Hilfe.

Manchmal behauptet ein Scammer, er wurde gekidnappt, ausgeraubt oder hat sonstige Verluste erlitten. Nun kann er die Hotelrechnung nicht mehr bezahlen. Er erzählt, dass der Hotelmanager ihn nur noch aus reiner Menschenliebe oder aus Mitleid dort wohnen lässt. Nun verlangt dieser aber das Geld für die Unterbringung, ansonsten würde er aus dem Hotel geworfen werden und müsste auf der Straße schlafen. Es kann auch sein, dass der Scammer behauptet, der Hotelmanager hätte sein Eigentum oder seine Reiseausstattung als Pfand beschlagnahmt.

In diesem Kapitel wird ansatzweise beschrieben, wie der Zahlungsverkehr, Verkehrsunfälle, Überfälle, Krankenhäuser und Hotels in Nigeria im Alltag wirklich ablaufen.

In Nigeria herrscht strikte Barzahlungswirtschaft. Kreditkarten werden so gut wie nie akzeptiert und auch keine Schecks entgegengenommen. Alle Güter und Leistungen werden in bar bezahlt, egal wie umfangreich die Waren- oder Dienstleistungen sind. Es gibt nur eine weitere Zahlungsmöglichkeit: Vorkassenüberweisung auf ein Bankkonto. Diese Zahlungsform wird im täglichen Leben jedoch äußerst selten verwendet. Behauptet also irgendjemand, er habe in Nigeria etwas auf Kredit gekauft und benötige Unterstützung um diesen Kredit zurückzuzahlen, dann ist das völliger Nonsens. Nur langjährigen, gut bekannten Bankkunden wird ein Kredit eingeräumt. Aber selbst viele dieser so renommierten Kunden oder Geschäftsfreunde verschwinden einfach mit dem Geld und werden nicht mehr wiedergesehen.

Normalerweise basiert jede Transaktion in Nigeria auf „cash and carry", Selbstabholung gegen Kasse, egal ob zwischen Firmen oder Privatleuten. Dies hat allerdings zur Folge, dass die Anzahl von bewaffneten Raubüberfällen, insbesondere auf Highways, zunimmt. Dieser Trend wird weiterhin anhalten, obwohl die Banken inzwischen versuchen, den bargeldlosen Zahlungsverkehr zu forcieren, indem sie die Höhe der Einzahlungen und Abhebungen von Bargeldbeträgen limitieren. So wird beispielsweise im nigerianischen Bundesstaat Lagos eine Gebühr verlangt, wenn privat mehr als umgerechnet ca. 2.400 Euro täglich auf ein Bankkonto eingezahlt oder abgehoben wird. Für Firmen liegt die Grenze bei ca. 14.000 Euro täglich. Diese Maßnahme soll den bargeldlosen Zahlungsverkehr attraktiver machen und der Geldwäsche vorbeugen. Jedoch besitzt ein großer Teil der Bevölkerung immer noch kein eigenes Bankkonto.

Das Bankensystem in Nigeria wurde in den letzten Jahren gewaltig konsolidiert und reformiert. Dadurch sind die betrügerischen Aktivitäten von Banken und Bankkunden enorm zurückgegangen. Trotzdem sind die Banken nach wie vor nachsichtig, wenn hohe Summen, auch aus dem Ausland, transferiert werden, die eigentlich die Aufmerksamkeit erregen müssten. So werden hohe Bargeldeinzahlungen oder Abhebungen häufig nicht gemeldet und/oder keine extra Gebühren erhoben, um ihre wohlhabenden Kunden nicht zu verlieren. Diese könnten drohen, mit ihrem Vermögen zu einer anderen Bank zu gehen. Zu einer Bank, die keine lästigen Fragen stellt. Aus diesem Grund werden schon mal gesetzliche Regelungen umgangen.

Die Banken in Nigeria haben in der Regel von Montag bis Donnerstag von 8:00 Uhr bis 15:00 Uhr und am Freitag von 8:30 Uhr bis 13:00 Uhr geöffnet.

Die Währung in Nigeria ist Naira, der internationale Währungscode ist NGN.
 Untereinheit ist der Kobo, 1 Naira = 100 Kobo.

1 Euro sind umgerechnet 207,15 Naira (Google, 06. Juli 2013)

Wenn auf nigerianischen Straßen ein Unfall oder ein Überfall passiert, bei dem Menschen Verletzungen erleiden, muss zuerst die Polizei alarmiert und informiert werden, noch bevor überhaupt Erste Hilfe geleistet werden darf. Bis vor wenigen Jahren nahm die Polizei jeden fest, der bei einem Unfallopfer Hilfe leistete, da dem Helfer unterstellt wurde, er hätte den Unfall verursacht. Zwar wird dies inzwischen nicht mehr ganz so drakonisch gehandhabt, aber die Polizei ist nach wie vor unberechenbar. Erste Hilfe wird daher nur geleistet, wenn genügend Zeugen anwesend sind, um die Unschuld des Ersthelfers bezeugen zu können.

Ambulanzen und Krankenwagen sind in Nigeria praktisch nicht vorhanden. Wenn ein Helfer einen Verletzten mit seinem eigenen Wagen ins Krankenhaus transportiert und der Verletzte stirbt auf dem Weg dorthin, dann ist der Helfer in der Beweispflicht. Kann er seine Unschuld nicht beweisen, wird er verhaftet. Daher ziehen es die Passanten vor, sich so schnell und so weit wie möglich vom Ort des Geschehens zu entfernen. Statt zu helfen, wird weggeschaut. Die Angst ist groß, man könne selbst in Verdacht geraten, etwas mit dem Vorfall zu tun zu haben. Ist dennoch jemand bereit, etwas zu unternehmen, dann ruft dieser zuerst die Polizei und die Federal Road Safety Commission (FRSC) an. Erst wenn diese ausreichend und ordnungsgemäß informiert worden sind und die Polizei bereits vor Ort ist, dann wird dem Verletzten geholfen und wenn nötig, in ein Krankenhaus gebracht. Das bedeutet, es vergeht etliche Zeit, bevor überhaupt Erste Hilfe geleistet wird und der Verletzte transportfähig ist.

Meistens fahren die Helfer das Unfallopfer mit einem Privatwagen in eines der staatlichen Krankenhäuser, da diese niedrigere Gebühren als private Kliniken verlangen und ungefragt behandeln. Falls noch nicht geschehen, wird der Verletzte dort aufgefordert, einen Unfallbericht für die Polizei abzugeben. Entweder muss er diesen Bericht selbst schreiben oder einer weiteren Person diktieren, wenn ihm das Schreiben aufgrund seiner Verletzungen derzeit nicht möglich ist.

Private Kliniken nehmen erst gar keine Unfallopfer an, es sei denn, ein Polizeireport wurde vorab bereits erstellt oder die Polizei oder das FRSC ist bei der Einlieferung anwesend.

In diesem Zusammenhang sei erwähnt, dass keinem Arzt erlaubt ist, im Namen eines Patienten um Geld zu bitten. Oftmals kommt im Verlauf eines Romance-Scams ein angeblicher Doktor ins Spiel, der per E-Mail oder per Telefon um Bezahlung der Krankenhauskosten ersucht. Dies ist natürlich nur ein weiterer Trick der Betrüger, um das Romance-Scam-Opfer abzuzocken. Die ethischen Regeln der medizinischen Profession lassen dieses Verhalten nicht zu. Ein Arzt, der im Namen eines Patienten Geld fordert, würde auch in Nigeria in Gefahr laufen, seine Lizenz verlieren.

Auch in Nigeria sind Hotels in verschiedene Kategorien eingeteilt. Normalerweise checkt ein Ausländer nur in einem Hotel ein, das mehr als zwei Sterne hat. Es ist unüblich und auch höchst unwahrscheinlich, dass ein Europäer oder Amerikaner in einem lokalen Hotel mit niedrigem Standard residiert.

Alle Hotels folgen derselben Prozedur: Die Gäste müssen sich wie auch bei uns registrieren und werden währenddessen auf alle Abläufe und Regeln des Hotels hingewiesen. Auf dem auszufüllenden Formular wird unter anderem festgelegt, wie lange der Gast sich in dem Hotel aufhalten wird. Anschließend werden alle Kosten und Gebühren für Übernachtung, für weitere Servicewünsche und auch für das Essen berechnet und <u>im Voraus</u> bezahlt. Zusätzlich muss der Hotelgast noch eine Kaution von ca. 10 bis 20% der angefallenen Kosten und Gebühren als Sicherheit für eventuelle Schäden am Inventar oder ähnliches hinterlegen. Erst dann wird der Schlüssel für das Zimmer ausgehändigt. Die Kaution wird dem Gast beim Auschecken natürlich wieder zurückgezahlt.

Am letzten Aufenthaltstag muss das Zimmer bis 12:00 Uhr mittags geräumt sein. Sollte ein Gast sein Zimmer um 12:01 Uhr verlassen, dann muss er für einen weiteren Tag bezahlen.

Der nigerianische Polizeiapparat ist ein Gebilde, das von Korruption und durch den Missbrauch von Menschenrechten geprägt ist. Hier bis ins Detail einzugehen, sprengt den Rahmen dieses Buches, da das Thema an sich ein ganzes Buch füllen könnte.

Die Menschenrechtsorganisation Human Rights Watch dokumentierte die unzähligen Formen polizeilicher Korruption in Nigeria in einem 102seitigem Bericht[4]: Tagtäglich erpressen Polizeibeamte Gelder von zahllosen Nigerianern, die auf den Straßen durchs Land reisen oder auf Märkten Waren ein- und verkaufen. Straßensperrungen dienten ursprünglich zur Bekämpfung der ausufernden Kriminalität, aber mittlerweile entwickeln sich diese zum lukrativen Nebenverdienst der Polizei. Wie in vielen Ländern dieser Erde zahlen Händler auch in Nigeria Schutzgelder, welche allerdings nicht nur von kriminellen Banden einkassiert werden, sondern oft direkt in den Taschen der Beamten landen. Es hat sich geradezu ein System innerhalb der Polizei entwickelt, in welchem geklärt ist, wie viel von den Bestechungsgeldern an die Vorgesetzten weiterzureichen sind, damit jene auch davon profitieren können. Zahlen die Händler oder Reisenden die geforderten Schutzgelder nicht, drohen den Menschen willkürliche Verhaftungen und Misshandlun-

---

[4] *Human Right Watch.* Abgerufen am 02.07.2013 von http://www.hrw.org/de/news/2010/08/17/nigeria-korruption-f-rdert-polizeigewalt

gen. Sie bleiben solange in Polizeigewahrsam, bis die Familien der Betroffenen diese freikaufen.

Stellt sich nun die Frage, warum die nigerianische Polizei ihre Bürger nicht schützt, sondern sie so massiv ausbeuten kann? Hauptsächlich Schuld hat die nigerianische Regierung, da diese die Korruption und Bestechung nicht bekämpft und strafverfolgt, sondern selbst ein Teil dieser maroden Machenschaften ist. Mittlerweile hat sich dieses System dermaßen verselbstständigt, dass die gesamte Gesellschaft, vom höchsten Regierungsbeamten bis hinunter zum Grundschullehrer, auf Korruption und Vetternwirtschaft aufgebaut ist.

Die Polizisten selbst arbeiten unter unzulänglichen Bedingungen: Sie werden von ihren Vorsetzten genötigt und erpresst. Durch veruntreute Gelder steht ihnen kein Equipment für die Ermittlungen zur Verfügung. Forensische Labore sind geschlossen, weshalb viele Beamte auf die gängige Praxis der Folter zurückgreifen, um Informationen von Tatverdächtigen zu erhalten.

Bezogen auf die Online-Betrugsdelikte ist die nigerianische Polizei passiv am „Yahoo-Business" beteiligt. Sie profitieren indirekt von den Betrügereien, indem sie sich von den Scammern bezahlen lassen. Sie erhalten Bestechungsgelder bzw. Schutzgelder und lassen die Betrüger unbehelligt ihre Geschäfte weiter betreiben. Dies mag nicht in allen Bereichen der Fall sein, ist aber zu einer gängigen Praxis geworden.

Das EFCC

Die Economic and Financial Crimes Commission, auf
Deutsch Kommission für Wirtschafts- und Finanzkriminalität, ist eine nigerianische Strafverfolgungsbehörde,
die gegen Wirtschaftskriminalität, Geldwäsche, Vorschussbetrug und Korruption ermittelt. Diese Organisation wurde auf Druck einer internationalen Geldwäsche-
kommission gegründet, welche Nigeria als ein nicht ko-
operatives Land gelistet hatte.

Die Betrüger der Nigeria-Connection fürchten diese
Institution aus gutem Grund. Denn wenn Scammer-
Banden zerschlagen werden, kommt es zu zahlreichen
Verhaftungen, Webseiten werden vernichtet und Mail-
konten geschlossen. Von der nigerianischen Bevölkerung
hagelt es Kritik, wenn das EFCC werbewirksam so einen
Ring hochgehen lässt. Sie ist der Meinung, dass das EFCC
sein Hauptaugenmerk auf die Bankiers, Gouverneure,
korrupte Regierungsbeamte und andere einflussreiche
Persönlichkeiten legen sollte, die viele Milliarden Dollar
an öffentlichen Geldern veruntreuen und sich selbst
daran bereichern, anstatt die „armen Jungs" zu verfolgen,
die nur ein „bisschen Geld" von reichen Ausländern ins
Land holen.

Wendet sich ein Scam-Opfer an das EFCC, dann erhält
jenes in der Regel keine Antwort. Erfolgt wider Erwarten
doch eine Reaktion oder meldet sich das EFCC bei einem
Betroffenen, dann handelt es sich wahrscheinlich um
einen Recovery-Scam und nicht um die echte Behörde.

Warum sind die Romance-Scammer so erfolgreich?

Die freundliche Natur der Amerikaner/Europäer: Der gewöhnliche Amerikaner oder Europäer ist von Natur aus freundlich, großherzig und hilfsbereit. Jemandem in Not beizustehen, mit Rat und Tat oder auch mit kleinen Geldbeträgen zu unterstützen, ist eine Selbstverständlichkeit für ihn. Die Betrüger haben es genau auf diese freundliche und gutherzige Natur abgesehen und glauben, dass es ihnen dieser Umstand leichter macht, so manchen Geldbeutel zu leeren. Nicht nur die Romance-Scammer sind auf diese Weise erfolgreich, sondern auch jene, die sich auf eine der anderen unzähligen Arten des Vorschussbetrugs spezialisiert haben. Mithilfe von gefälschten Webseiten, temporären Wegwerf-Email-Adressen und gestohlenen Bildern entfachen vorgetäuschte Waisenhäuser, Stiftungen oder Wohltätigkeitsorganisationen das Mitgefühl der potentiellen Opfer. Unterstützt werden diese Maßnahmen von herzzerreißenden Geschichten und rührseligen Situationen, die von den Betrügern frei erfunden werden.

Die Romance-Scammer benutzen die gleiche Form der emotionalen Ansprache, wobei ihr Vorgehen besonders perfide ist, da sie sehr starke Gefühle bei ihren Opfern hervorrufen. So erzählen sie ihnen atemberaubende Märchen wie, sie lägen krank in einem Hospital, seien ins Gefängnis gesperrt worden, in einen Unfall verwickelt oder in irgendeiner anderen Form von persönlichem Desaster verfangen. Das sind natürlich alles Begebenheiten, die sich tatsächlich im Leben abspielen könnten und somit beeilt sich das Opfer häufig, etwas Geld zu senden, um dem Scammer aus seiner vermeintlichen Notlage zu helfen. Diese Art von Betrug ist ausgesprochen raffiniert und die Höhe der Gelderträge ist vom Verhalten und vom Vorgehen der Scammer abhängig. Je ausgereifter das Konzept, je erfahrener ein Scammer ist, umso erfolgreicher ist das Geschäft.

Der Wunsch nach Zuneigung: Einsamkeit ist ein Gefühl, dem sich die Menschen in den westlichen Industrienationen zunehmend stellen müssen. Die einstigen Familienstrukturen brechen auf und viele Menschen leben in Single-Haushalten. Dies ist in Deutschland etwa jeder Fünfte. Natürlich leidet nicht jeder Single unter Einsamkeit, trotzdem hat der Wunsch nach Selbstständigkeit und Selbstverwirklichung seine Schattenseiten: Wärme, Zuneigung und Geborgenheit sind menschliche Grundbedürfnisse, die bei dieser Lebensweise hin und wieder auf der Strecke bleiben. Werden diese Bedürfnisse im alltäglichen Leben nicht befriedigt, dann stauen sie sich und steigern sich zu einem starken Verlangen. Viele Menschen entschließen sich daher, neue Wege auszuprobieren und melden sich bei Partner-/Singlebörsen im Internet an. Einige finden dort tatsächlich den Partner fürs Leben, aber immer wieder fallen arglose Menschen diesen Betrügern zum Opfer, die den Wunsch nach Zweisamkeit skrupellos ausnutzen. Manche Betroffenen sehnen sich so sehr nach einer Partnerschaft, dass sie ihren gesunden Menschenverstand beiseiteschieben und alle Warnsignale und Unstimmigkeiten ignorieren bzw. verdrängen.

Die Menschen, die solch einem Romance-Scam zum Opfer fallen, sind keinesfalls ungebildet oder einfältig. Sie kommen aus allen Gesellschaftsschichten und es trifft sie ohne Unterschied von Religion, Glaube, Hautfarbe und Bildungsstand. Zu den Opfern, die manchmal sehr viel Geld verlieren, gehören Mediziner, Professoren, Bürgermeister, Staatsmänner genauso wie Handwerker und Hausfrauen.

Die Betrüger haben keine bestimmte Kategorie von Mensch im Visier. Jede Person, von der sie sich Geld erhoffen, ist ihnen als Opfer willkommen. Damit ihnen dies möglichst schnell und unkompliziert gelingt, konzentrieren sie sich vorzugsweise auf Frauen und Männer, die besonders verletzlich und labil erscheinen. Meistens trifft es Menschen, die sich gerade in einer emotionalen Krise befinden, die beispielsweise kürzlich getrennt oder geschieden worden sind, aber auch verwitwete oder ältere Personen, des Weiteren solche, die an gebrochenem Herzen leiden, Probleme in ihrer Ehe haben oder die unter einem körperlichen Handicap leiden.

Der typischste Fall ist eine verwitwete oder in den 50er Jahren alleinstehende Frau. Nach einer längeren Zeit des Alleinseins möchte sie die Leere in ihrem Leben füllen, die nach dem Tod oder Weggang ihres Ehemannes und dem Auszug ihrer Kinder entstanden ist. Aus welchen Gründen auch immer hat sie nur wenige Freunde, ist nicht besonders kontaktfreudig und generell eher für sich allein. Im Internet trifft sie einen Mann. Er schreibt ihr Liebesbriefe, er erkundigt sich nach ihrem Wohlergehen, nach ihrem Tag. Beide kommen sich schnell näher und schon bald behauptet er, sie zu lieben. Er schickt ihr Blumen, Karten, Süßigkeiten und Kuscheltiere. Er ruft sie an und sie chatten endlose Stunden, Tage und Wochen. Sie verliebt sich und obwohl sie im Laufe der Zeit Geld an ihn verlieren wird, kann sie sich nicht von ihm trennen und wird diese Liebe nicht aufgeben wollen.

Diese Szenen zwischen Betrügern und Betrogenen spielen sich täglich unzählige Male ab. Die betroffenen Frauen fühlen sich geliebt und verstanden. Sie gehören wieder zu jemandem, sie werden gebraucht und die Betrüger vermitteln ihnen das Gefühl, dass sie für sie etwas ganz Besonderes sind. Um der Liebe Willen und wegen der entgegengebrachten Aufmerksamkeit wollen einige Betrogene selbst dann den Kontakt nicht abbrechen, wenn sie bereits realisiert haben, dass sie reingelegt wurden und Geld verloren haben. Sie sind nicht bereit, den Traum und das romantische Ideal aufzugeben, das sie in ihrem Herzen tragen. Sie halten lieber an die vergangenen, gemeinsamen Stunden und an der trügerischen Vorstellung in ihrem Kopf fest, statt sich der Realität zu stellen und sich selbst einzugestehen, betrogen worden zu sein.

In einigen Fällen versuchen die Frauen sogar, ihren Scammer zu decken. Sie beharren darauf, nicht belogen worden zu sein. Hin und wieder passiert es, dass ein Scammer zugibt, ein Betrüger zu sein, er gelobt sofortige Besserung und fleht um Vergebung. Der Frau gegenüber behauptet er, sich durch diese Beziehung geändert zu haben. Sie hätte ihm gezeigt, was wahre Liebe sei und er würde nie wieder jemanden betrügen. Dieses sogenannte

„Change of ways" wird eingesetzt, um das Vertrauen des Opfers zurückzuerlangen. Es ist aber nur wieder eine Vorbereitung, um dieses Vertrauen ein weiteres Mal zu missbrauchen. Möglich ist auch, dass ein anderes Mitglied der Scammergruppe die Frau übernimmt, nachdem das erste Mitglied bereits erfolgreich Geld von ihr bekommen hat.

Frauen, die diese Tatsachen ignorieren und ihrem Wunschtraum weiterhin nachhängen, wirken manchmal indirekt bei den Betrugsaktivitäten mit. Sie sind beispielsweise ideale Warenagenten für Einkäufe, die die Scammer per Kreditkarte getätigt haben, indem sie die Waren entgegen nehmen und diese an die Betrüger weitersenden.

Verlangen nach Sex: Der Wunsch nach körperlicher Befriedigung ist tief in jedem Menschen verankert. Das Internet bietet verborgene Wege, um diesen Trieb diskret ausleben zu können, ohne dass das Umfeld es mitbekommt. Menschen nutzen dafür Erotik-Webseiten oder entsprechende Communities. Auch hier sind die „Yahoo-Boys" anzutreffen, um den Wünschen gegen Geld zu entsprechen. Ein Mann trifft ein Mädchen auf einer Erotik-Seite, die ihren Körper zeigt. Sie kommen ins Gespräch, haben Cybersex über Webcam, telefonieren oder chatten miteinander. Danach ist der Mann für den Scam reif. Obwohl die männlichen Opfer in dieser Konstellation überwiegen, können auch Frauen davon betroffen sein.

Viele Frauen haben Cybersex mit ihrem Scammer. Manche von ihnen sagen im Vertrauen, dass dieser Umstand es ihnen schwer macht, das Verhältnis mit ihm zu beenden, obwohl sie wissen, dass er ein Betrüger ist. Zum einen befriedigt er ihre geheimen Wünsche, zum anderen schämen sie sich sehr, so dass sie niemanden davon erzählen. Sie ertragen schweigend ihre Verluste, oder sie verändern ihre Story so, dass sie von Zuhörern Anteilnahme und Mitgefühl erhalten.

Oft wissen diese Frauen nicht, was auf der anderen Seite der Leitung passiert, wenn sie sich auf Webcam zeigen. Es gibt tatsächlich Frauen, die eine Cam besitzen und Cybersex mit Männern haben, die von sich selbst behaupten, dass ihnen keine Cam zur Verfügung steht.

Das folgende Szenario ist bereits öfters in nigerianischen Internetcafés beobachtet worden: Ein Scammer hat sich in den letzten Wochen das Vertrauen einer Frau erschlichen und sie emotional an sich gebunden, so dass sie in ihn verliebt ist. Er verrät ihr nicht, dass er sich in einem Internetcafé aufhält, sondern er erzählt ihr, er sei auf Geschäftsreise und zurzeit allein in seinem Hotelzimmer. Aus irgendwelchen, plausibel erscheinenden Gründen hat er keine Webcam dabei. Nach vielen Liebesbekundungen und verbalen Zärtlichkeiten fragt er sie, ob sie sich für ihn ausziehen würde. Nach kurzer Diskussion und scheinbar guten Argumenten seinerseits erfüllt ihm die Frau den Wunsch und zieht sich zuhause in ihrer Wohnung in Europa oder USA vor der Webcam aus und geht auf weitere Wünsche ihres Lovers ein. Das ist der Zeitpunkt, an dem der Scammer seine Freunde zu sich ruft, um sich die „free show", wie sie es nennen, mit ihnen gemeinsam anzusehen. Sie beobachten die Frau auf dem Bildschirm, lachen und machen ihre Witze über sie. Gleichzeitig führt der Scammer den erotischen Chat mit der Frau weiter und redet ihr ein, er wäre auch nackt und würde dasselbe tun wie sie.

Voodoo: Unsichtbare und zum Teil bedrohliche Mächte sind in Schwarzafrika Bestandteil des täglichen Lebens der Menschen. Diese jahrtausendalten Geister sind so fest im Denken verwurzelt, dass sie bisher weder durch moderne Technik noch durch Bildung und Aufklärung verjagt werden konnten. Selbst die gebildeten Bevölkerungsschichten, die Eliten und Akademiker glauben an die Fähigkeit von Hexen, Zauberern und Kräuterkundigen, diese Mächte kontrollieren und nutzen zu können. Auch die „Yahoo-Boys" suchen regelmäßig sogenannte Juju-Priester auf, um Zauberkräfte zu erwerben, die über die Opfer geworfen werden oder die auf sie selbst wirken sollen, um sie bei ihren Geschäften besonders erfolgreich zu machen. Ein Europäer mag sich über diese Praktiken amüsieren, aber die Scammer glauben wirklich, dass sie ohne Juju nicht einen Penny für die haarsträubenden Geschichten erhalten würden, die sie ihren Opfern vorgaukeln. In Ghana wird dieser durch Magie unterstützte Internetbetrug als „Sakawa" bezeichnet. Dabei streicht der Scammer beispielsweise beim Chatten mit einem vorab präparierten und verzauberten Tuch über den Bildschirm. Meistens aber muss er sich selbst den magischen Ritualen unterwerfen, die keinesfalls ungefährlich sind. Diese dienen dem Zweck, ihn unwiderstehlich für die Opfer zu machen und das Geld in großen Mengen in seine Taschen fließen zu lassen.

Erfolglose Scammer führen ihre Niederlagen darauf zurück, dass sie keinen Juju-Priester aufgesucht haben. Sie sind fest davon überzeugt, dass jener Zauber dazu führt, dass die Opfer ihren gesunden Menschenverstand verlieren, nicht realisieren, was vor sich geht und alles tun, was von ihnen verlangt wird.

Dass dieser Voodoo-Zauber funktioniert, finden die Scammer darin bewiesen, dass sie mal so einfach, ohne großen Aufwand, Zehntausende von Dollar oder Euro von ihren Opfern erhalten.

Religiöse Scams: Auch im Umfeld von religiös geprägten Partner-/Singlebörsen und religiösen Gemeinschaften spielen sich Romance-Scams ab. Es gibt keinen Platz, keinen Ort im Internet, der den Betrügern heilig oder unantastbar ist. Dabei ist es egal, ob es sich um christliche, islamische oder sonstige Gemeinschaften handelt. Sie treten als gläubiges Mitglied der Religionsgemeinschaft auf und versuchen, mit so vielen Menschen wie möglich über den Glauben zu diskutieren. Dabei geben sie vor, ihren Glauben sehr ernsthaft und andächtig zu praktizieren.

Auch hier dauert es geraume Zeit, bis Beziehungen aufgebaut sind und Vertrauen gesät worden ist. Die Scammer wissen genau, dass es im Wesen der Menschen liegt, Gleichgesinnten eher zu vertrauen als Menschen mit anderen Glaubensvorstellungen. Die Opfer sind schneller bereit, sich zu öffnen und neue Freunde zu akzeptieren. Dies ist die perfekte und profitable Bühne für die Betrüger, die dies gewissenlos auszunutzen wissen.

Körperliche Handicaps: Es gibt einige Frauen und Männer, denen es scheinbar unmöglich ist, in ihrem Umfeld bzw. in ihrem realen, alltäglichen Leben den Partner fürs Leben zu gewinnen. Die Gründe dafür sind vielfältig. Es können Probleme mit dem Übergewicht, mit dem Alter, sogenannte Schönheitsfehler oder körperliche Handicaps sein. Für sie ist es angenehmer, Erstkontakte im anonymen Internet zu knüpfen.

Diese Menschen werden nicht aufgrund eines tatsächlichen oder eingebildeten Handicaps gescammt, sondern weil die Umstände ihres Auftretens sie für die Scammer anfälliger macht. Diese können die Gefühle ihrer Opfer durchaus nachvollziehen und nutzen diese Schwächen ganz bewusst für ihre eigenen Zwecke aus. Auch ein geringes Selbstwertgefühl oder Unsicherheiten anderer Menschen gegenüber tragen dazu bei, dass es den Scammern oftmals leicht fällt, diese Menschen auf das Extremste auszubeuten.

Erpressung/Schuldgefühle: Bei vielen seriösen Online-Partnerbörsen sind die Mitgliedschaften kostenpflichtig. Zum Teil bezahlen die „Yahoo-Boys" die Aufnahme bei einer Partnerbörse mit regulären, einwandfreien Kreditkarten, die nicht gestohlen oder gefälscht worden sind. Aber wessen Kreditkarten sind das? Wer hilft den Betrügern, auf diese Weise neue Opfer zu finden?

Einem Europäer gegenüber würde ein westafrikanischer Scammer es nie zugeben, aber interne Recherchen haben ergeben, dass die Opfer den Betrügern unter die Arme greifen und für die genutzten Online –Services zahlen. Wie kann es dazu kommen, dass Menschen bereit sind, ihre Kreditkarte für betrügerische Zwecke herzugeben?

Einige professionelle Romance-Scammer haben Strategien entwickelt, wie sie ihre Opfer dazu bringen, unternehmensinterne Details über ihre Arbeitgeber bzw. Firmen auszuplaudern, bei denen sie angestellt sind. Solche sensiblen Informationen unterliegen in der Regel einer strengen Geheimhaltung und können missbraucht werden, um die Unternehmen selbst oder deren Geschäftsführer bzw. Mitarbeiter zu betrügen oder gar zu erpressen. Dies können beispielsweise Zugangsdaten von Bankkonten sein oder wichtige Firmenunterlagen, die nicht in die Hände der Konkurrenz fallen dürfen.

Somit sind Opfer von Romance-Scams nun selbst erpressbar geworden. Ihnen wird erst jetzt bewusst, welche möglichen Auswirkungen oder Konsequenzen diese Weitergabe von Informationen für ihren Arbeitsplatz oder gar für ihre gesamte Karriere haben kann. Im schlimmsten Fall müssen sie sogar mit einem Gerichtsverfahren rechnen. Dies nutzen die Scammer natürlich aus und drohen von Zeit zu Zeit damit, die Opfer auffliegen zu lassen. Diese machen dann gemeinsame Sache mit den Scammern, damit diese sie nicht verraten. Sie fahren entweder damit fort, den Scammern Geld zu senden oder willigen darin ein, andere Dinge zu erledigen, die die

Betrüger aus Sicherheits- oder Standortgründen nicht selbst tun können.

Opfer werden auch dadurch erpressbar, indem ihnen mit der Veröffentlichung freizügiger Fotos oder heimlich aufgezeichneter Cybersex-Videos gedroht wird. Das kann dem Opfer nicht nur den guten Ruf und die Reputation kosten, sondern auch Beruf, Karriere, Ehe und Freundschaften. Es kann dazu führen, dass ein über Jahre aufgebautes Lebenswerk zerstört wird. Sie können sich niemandem anvertrauen, sie schämen sich zu sehr und haben Angst vor den Konsequenzen. Auch in diesen Fällen ist es ein Leichtes für die Scammer, diese Opfer wie Marionetten für ihre Zwecke zu nutzen.

WIE KÖNNEN SIE SICH SCHÜTZEN?

Wenn Sie im Internet einem anderen Menschen näher gekommen sind, den Sie nicht persönlich kennen, dann können Sie anhand von bestimmten Warnsignalen erkennen, ob es sich bei dem Menschen um einen Betrüger handelt könnte. Natürlich weist nicht jeder Betrug immer alle der folgenden Warnsignale auf und einige davon können auch auftreten, ohne dass der Gesprächspartner betrügerische Absichten hat. Erkennen Sie allerdings ein paar von diesen Signalen, dann sollten Sie sehr vorsichtig sein und genauer hinsehen:

Bilder: Wirken Bilder Ihrer Internet-Bekanntschaft sehr professionell, so als seien sie für Werbezwecke gestellt? Passen die Fotos zu den Informationen Alter/Größe/ Beruf/Haarfarbe und Abstammung, die im Profil bzw. von Ihrem neuen Bekannten geschildert wurden? Ist auf den Bildern ein Ehering zu sehen? Passen die Bilder zu der erzählten Geschichte?

Handelt es sich bei den Bildern um originale Digitalfotos, dann enthalten diese sogenannte EXIF-Daten mit Informationen wie z. B. Kamerahersteller, Kameramodel und Aufnahmedatum. Diese Informationen bleiben solange erhalten, bis die Fotos beispielsweise durch ein Bildbearbeitungsprogramm verändert werden. Sie können diese Details in den Eigenschaften der Bilddateien finden.

Betrüger haben kein Problem damit, Bilder von Model- oder Prominenten-Webseiten oder gar Bilderserien von Pornostars zu benutzen. Inzwischen gehen sie aber immer häufiger dazu über, Bilder aus sozialen Netzwerken oder aus ungesicherten Online-Fotoalben zu stehlen. Die Google-Bildersuche bietet Ihnen die Möglichkeit herauszufinden, ob diese Fotos bereits woanders im Internet veröffentlicht worden sind. Dazu klicken Sie rechts in dem Eingabefeld der Google-Bildersuche auf das kleine Symbol eines Fotoapparats. Dort kann man eine Webadresse zu einem Bild im Internet eintragen oder auch ein Bild direkt hochladen. Google gleicht nun die Adresse bzw. das Bild mit allem verfügbaren Datenmaterial ab und zeigt als Ergebnis alle ähnlich aussehenden Bilder an. Ist das Originalfoto vorhanden, wird es als erster Treffer aufgelistet. Die folgenden Treffer ähneln sich meistens darin, dass die Bilder gleiche Farbkombinationen aufweisen.

Rechtschreibung/Grammatik: Obwohl Englisch oder Französisch in den westafrikanischen Ländern die offiziellen Amtssprachen sind (in Ghana und Nigeria ist es Englisch), sind sie nicht die Muttersprachen der einheimischen Bevölkerung. Laut Wikipedia werden allein in Nigeria 514 verschiedene Sprachen gesprochen. Die Kinder wachsen in der Stammessprache ihrer Eltern auf. Dies gilt auch für Kinder, die in den Großstädten aufwachsen. Mit Englisch bzw. Französisch kommen sie meist erst in der Schule in Berührung, wo sie in der jeweiligen Amtssprache unterrichtet werden. Je nach Bildungsgrad eignen sich Kinder und Jugendlichen diese Sprache mehr oder weniger gut an.

So sind auch unsere westafrikanischen Scammer keine Muttersprachler. Dies fällt aber häufig nur jemandem auf, wenn er weiß, wie Muttersprachler schreiben und welche Stile sie entwickeln. Wer keinen Vergleich hat, erkennt die Unterschiede nicht, denn gerade die gebildeten Scammer sprechen und schreiben häufig exzellentes Englisch bzw. Französisch. Der überwiegendste Teil der „jungen Glückssucher" kann aber recht deutlich an der fehlerhaften Rechtschreibung und Grammatik erkannt werden. Abgesehen davon machen natürlich auch Muttersprachler hin und wieder Fehler beim Schreiben, besonders wenn schnell geschrieben werden muss, wie beim Chatten.

Aufmerksam sollte man werden, wenn

- häufig ähnlich lautende Worte verwechselt werden, z. B. where/were, know/no, living/leaving.
- Kosenamen exzessiv genutzt werden, z.B. dear, sweetie, honey, hun, baby.
- extrem viele Emoticons beim Chatten verwendet werden.
- das englische „I" für „ich" meistens als Kleinbuchstabe geschrieben wird.
- viele Abkürzungen benutzt werden, die nicht mit dem Alter, Beruf und Bildungsstand des Schreibers vereinbar sind. Wobei zu hinterfragen ist, welches Medium der Schreiber benutzt. Steht ihm eine richtige Computertastatur zur Verfügung, dann sollte er als erwachsener, gebildeter Mensch auch ein angemessen gutes Englisch schreiben. Benutzt er aber ein Handy oder ein anderes mobiles Endgerät, dann hat sich allgemein die Nutzung von Abkürzungen eingebürgert. Man sollte aufmerksam werden, wenn zu

viele Abkürzungen wie z. B. ok, pls, ma (für ma'am) ur, cos genutzt werden.

Konversation/Umstände: Im Verlauf des Kennenlernens und Näherkommens ergeben sich Konversationsinhalte und Umstände, die Hinweise darauf geben, dass sie in Kontakt mit einem Scammer sind. Sie sollten hellhörig werden, wenn Ihr Gesprächspartner

- in seinem Profil auf der Partner-/Singlebörse angibt, einen Partner/in im Alter zwischen 35 und 75 Jahren zu suchen.
- einen ungewöhnlichen Namen hat, vielleicht zwei Vornamen wie Jeff David, Brad Terry usw.
- einen Allerweltsnamen hat, den es zu hunderttausenden im Netz gibt wie z.B. Brown, Johnson, Smith verbunden mit James, Michael, John etc.
- sein Profil auf der Partnerbörse löscht, kurz nachdem Sie begonnen haben, gemeinsam Mithilfe eines Chat-Programms, mit einem sogenannten Instant-Messenger privat zu chatten. Er fordert Sie auf, Ihr Profil auch zu löschen.
- ständig online ist und jederzeit bereit, mit Ihnen zu chatten. Die Chats gehen auch mal über fünf oder sechs Stunden.
- keine oder nur wenige Kenntnisse von dem Umfeld hat, in dem er angeblich lebt oder aufgewachsen ist (Sehenswürdigkeiten, Lebensmittel, örtliche Gegebenheiten, Besonderheiten usw.).
- Ihren Fragen ausweicht, wenn Sie Unstimmigkeiten in seiner Geschichte hinterfragen.

- beim Chatten mit Ihnen häufiger Verbindungsprobleme mit dem Internet hat.
- Sie oft bittet, mit ihm zu telefonieren.
- keine oder kaum Familie und Freunde hat. Sie sind der oder die Einzige, an den sich diese Person im Notfall wenden kann.
- die Konversation kontrolliert und auch Sie zu kontrollieren versucht. Er gibt nur wenige Informationen über sich selbst und will Sie von ihren Freunden und anderen Aktivitäten isolieren.
- Ihnen bereits nach kurzer Zeit besonders zugeneigt ist und sehr schnell zärtlich geworden ist.
- Sie auf Web-Cam sehen möchte (um ihre Reaktionen abschätzen zu können) aber selbst nicht die Möglichkeit hat, sich auf Cam zu zeigen.
- bereits in Afrika ist oder bald aus geschäftlichen Gründen hinreisen wird.
- Sie bald besuchen will. Vielleicht reden Sie bereits davon, zusammenzuziehen oder gar zu heiraten. Allerdings muss der Job in Afrika zuerst erledigt werden.
- gläubig ist, viel von Vorsehung und Schicksal redet und versucht, sie davon zu überzeugen, dass Sie beide füreinander geschaffen seien.
- in Bedrängnis gerät, ausgeraubt wird, einen Unfall hat, ins Gefängnis geworfen wird oder seine geschäftlichen Aktivitäten zu scheitern drohen. Die Botschaft bzw. das Konsulat kann angeblich nicht helfen oder es dauert zu lange, bis diese reagieren. Er kann seine Bank nicht erreichen bzw. diese kann ihm sein Geld nicht zukommen lassen oder er hat all

seine Ersparnisse wegen seines Geschäfts abgehoben. Er braucht Ihre finanzielle Unterstützung.

> in Besitz eines großen Vermögens gelangt und Ihre Hilfe benötigt, um das Geld sicher auf Ihr Konto zu transferieren.

> Sie auffordert, ihm Geld zu leihen und über Western Union oder MoneyGram zuzusenden.

> Sie bedrängt, wenn Sie der Forderung nicht nachkommen und Ihnen dann vorwirft, das Ihre Liebe bzw. Ihr Interesse an ihm nicht echt wäre. Er versucht, Ihnen Schuldgefühle einzureden. Wenn Sie nicht helfen, dann könnte er womöglich sogar sterben, oder gar sein Kind, das möglicherweise bei ihm ist.

> Sie auffordert, Waren entgegenzunehmen und nach Afrika weiterzusenden.

Was tun, wenn Sie bemerken, dass Sie mit einem Betrüger in Kontakt sind? Sie kommunizieren mit einem Kriminellen und daher ist Vorsicht angesagt. Sie sollten den Kontakt sofort abbrechen, keinen Anruf entgegennehmen, ihn im Messenger und im Mailprogramm blockieren und löschen. Wenn Sie den Kontakt nur löschen, dann kann er Ihnen noch immer E-Mails senden, daher vor dem Löschen nicht vergessen, die E-Mail-Adresse zu blockieren, so dass er keine Möglichkeit mehr hat, Sie in irgendeiner Art anzusprechen. Eine Anzeige bei der Kriminalpolizei macht nur Sinn, wenn Sie einen finanziellen Schaden davongetragen haben. Geben Sie dem Betrüger keinen Hinweis, warum Sie den Kontakt abbrechen und woran Sie bemerkt haben, dass er ein Betrüger ist. Ihm würde sofort klar werden, dass er aufgeflogen ist, weil er sich nicht gründlich genug vorbereitet hat. Er wird daran arbeiten, sich zu verbessern um diese Fehler künftig zu vermeiden. Helfen Sie ihm nicht dabei.

Scammer melden, ja oder nein? Wenn Sie den Betrüger auf einer kostenpflichtigen Partner-/Singlebörse kennengelernt haben, dann sollten Sie sein Profil dem Seitenbetreiber melden. Es kostet dem Romance-Scammer Nerven und Geld, wenn er sich immer wieder neu anmelden muss. Bei Fake-Profilen auf kostenfreien Partner-/Singlebörsen oder sozialen Netzwerken gehen die Meinungen stark auseinander, ob man die Betrüger melden sollte oder nicht. Wenn so ein Profil gelöscht wird, dann kostet es dem Betrüger nur wenige Minuten, um sich ein neues Profil oder eine neue Identität zuzulegen. Alternativ könnte man den Betrüger auch in sogenannten Scammer-Datenbanken mit einem Steckbrief hinterlegen. So ein Steckbrief umfasst Informationen wie beispielsweise den angeblichen Name, Wohnort, Familienverhältnisse, E-Mail-Adresse, Telefonnummern und natürlich auch dessen Bilder. Diese Datenbanken werden regelmäßig von Suchmaschinen ausgelesen. Somit ist es anderen Personen möglich, online nach den Daten ihres Scammers zu suchen und wenn diese in einer solchen Datenbank erfasst sind, fündig zu werden.

Web-Cam: Wenn Betrüger am Werk sind, dann können Sie nicht sicher sein, dass die Person, mit der Sie gerade chatten auch die Person ist, die Sie zur gleichen Zeit auf Web-Cam sehen. Es gibt sogenannte virtuelle Web-Cams, welche mit eingespielten Video-Sequenzen gefüllt werden können. Ist der Scammer in Besitz eines Videos, dass eine weiße Frau oder einen weißen Mann beim Chatten zeigt, ist es garantiert von einer anderen Privatperson aus dem Internet geklaut worden und er hat dieses einfach in die virtuelle Cam eingespeist. Um herauszufinden, ob diese Person tatsächlich auch Ihr Gesprächspartner ist, lassen Sie ihn etwas zeitnah tun und nicht erst 10 Minuten nachdem Sie ihn darum gebeten haben. So könnten Sie ihn beispielsweise bitten, aufzustehen, Ihnen einen Handkuss zuzuwerfen oder Ihnen zuzuwinken. Sie können ihn auch bitten, etwas auf einen Zettel zu schreiben, und er möge diesen in die Kamera halten, so dass Sie es lesen können. Sollte Ihr Gesprächspartner nicht wie gewünscht reagieren oder erst Minuten später, dann können Sie sich sicher sein, dass Sie gerade betrogen werden.

Apropos Web-Cam, Sie sollten beim Benutzen einer solchen sehr vorsichtig sein. Es gibt kostenlose Software, sogenannte Screen-Recorder, die man sich aus dem Internet herunterladen kann und mit der man alles aufzeichnen kann, was auf dem Bildschirm passiert. Von dieser Software könnte auch Ihr Gesprächspartner Gebrauch machen. Wenn auf seinem Bildschirm das Bild Ihrer Web-Cam zu sehen ist, dann kann er mit Hilfe dieses Screen-Recorders alle Ihre Aktionen in bewegten Bildern aufzeichnen. Dies sollte Ihnen ganz besonders dann bewusst sein, wenn Sie sich zum Cybersex via Web-Cam entschließen sollten. Mit der Drohung, die aufgezeichneten Video-Sequenzen im Internet zu veröffentlichen, könnten Sie erpresst und kompromittiert werden.

Telefonnummern: Ihr Online-Gesprächspartner gibt Ihnen eine Festnetztelefonnummer aus den USA. Glauben Sie wirklich, dass dies ein Beweis ist, dass er seinen Wohnsitz in den USA hat? In Deutschland können sich nur in Deutschland ansässige Personen eine Festnetztelefonnummer zulegen. Die Vorwahl entspricht dem Ort, in dem der Wohnsitz dieser Person gemeldet ist. Diese Angaben werden kontrolliert und verifiziert, das ist aber in vielen anderen Ländern nicht der Fall. Es ist weltweit für jedermann möglich, sich über „Voice over IP" (VoIP-Telefonie) eine Festnetznummer zuzulegen, wobei man sich sogar beispielsweise die Vorwahl des US-Staates auswählen kann. Der Anrufer merkt dabei nicht, dass der Anruf über das Internet an einem Computer oder an einem mobilen Endgerät irgendwo in der Welt entgegengenommen wird. Auch sogenannte Follow-Me-Telefonnummern sind bei den Scammern sehr beliebt. Diese Nummern haben eine britische Landesvorwahl meistens beginnend mit +44 70, so dass der Anrufer irrtümlich annimmt, dass der Besitzer der Rufnummer in Großbritannien lebt.

In Westafrika sind Mobiltelefone ausgesprochen beliebt und werden teilweise exzessiv genutzt. Es existiert aber auch ein Festnetz. Behörden wie Polizei, Staatsanwaltschaft, EFCC, aber auch die besseren Hotels und die Banken sind in Besitz von Festnetzanschlüssen. Erhalten Sie also die Telefonnummer eines angeblichen Bankdirektors, dann beharren Sie darauf, ihn über den Festnetzanschluss der Bank zu kontaktieren. Sind Ihre Gesprächspartner nicht bereit, Ihnen die Festnetznummer zu geben, dann können Sie sicher sein, dass Sie sich mit Betrügern unterhalten.

Festnetzvorwahlen Nigeria: +234 1 für Lagos, +234 2 für Ibadan, +234 9 für Abuja.
Festnetzvorwahlen Ghana: +233 21 für Accra, +233 51 für Kumasi

IP-Informationen: Jedes Gerät, das sich mit dem Internet verbindet, braucht eine Datennetzadresse, eine sogenannte IP-Adresse, damit es eindeutig identifiziert werden kann. Es ist quasi Ihr digitaler Fingerabdruck im Internet. Dabei ist es egal, ob es sich um einen PC, Smartphone, Tablet-PC oder das heimische Garagentor handelt, welches man bereits unterwegs über das Handy öffnen kann. Das Kürzel IP steht für Internet Protocol und ist ein weit verbreiteter Netzwerkstandard, mit dem in einer vorgeschriebenen Form, Informationen ausgetauscht werden können. Es gibt statische und dynamische IP-Adressen. Eine dynamische IP bekommen fast alle privaten Internetzugänge von ihren Internet-Providern zugeteilt, welche sich in der Regel nach 24 Stunden ändert. Jeder Provider hat einen eigenen IP-Nummernblock, der bei einer zentralen Registrierstelle eingetragen ist (in Deutschland ist die DENIC diese zentrale Registrierstelle). Statische IP-Adressen dagegen werden beispielsweise von Firmen genutzt, die mit eigenen Servern direkt mit dem Internet verbunden sind. So eine IP wird auf jenen Servern fest (statisch) eingetragen.

Anhand dieser IP-Adresse können Sie herausfinden, über welchen Provider Ihr Gesprächspartner mit dem Internet verbunden ist und in welcher Region er sich ungefähr (ca. 100 km im Umreis) aufhält. Behauptet also Ihr Partner, dass er in Deutschland sei, aber die IP-Adresse weist beispielsweise auf einen Provider aus einer Region in Malaysia, dann können Sie davon ausgehen, dass irgendetwas nicht in Ordnung ist.

Jede E-Mail enthält einen sogenannten Header, in dem neben weiteren Kopfinformationen alle IPs der Server aufgeführt sind, über die die E-Mail vom Versender (Original-IP) bis zum Empfänger weitergeleitet wurde. Immer mehr Freemailer wie z.B. Google-Mail (@gmail.com) oder Microsoft (@hotmail.com, @live.com) leiten mittlerweile die Original-IP nicht mehr weiter, so dass es immer schwieriger wird, herauszufinden, in welcher Region sich der Betrüger aufhält. Ganz gewiefte Scammer benutzen im Internet VPN-Verbindungen oder Web-Proxys, welche die IP verschleiern, bzw. den wahren Standort verbergen.

Im Internet gibt es viele Tipps und Anleitungen, die den Weg beschreiben, wie man den E-Mail-Header der unterschiedlichsten E-Mail-Programme auslesen kann und Online-Programme, welche diesen analysieren können.

Weitere Tipps, um böse Überraschungen zu vermeiden: Ein guter Start für eine Online-Beziehung sollte mit einer Recherche nach Namen, E-Mail-Adresse und Bilder per Suchmaschine im Internet beginnen. Es mag nicht viel dabei herauskommen, aber vielleicht hat jemand zu diesem Namen, dieser E-Mail-Adresse oder zu diesen Bildern auf irgendeiner Webseite einen Kommentar hinterlassen. Es lohnt sich jedenfalls, dies zu tun. Denn wenn auch nur eine Information irgendwo erwähnt worden ist, wird diese auch gefunden.

Sollten Sie E-Mails mit wunderbaren Texten erhalten, die das Herz erweichen und zu Tränen rühren, dann kopieren Sie einen Teil des Textes ins Google-Suchfenster und setzen den Text in Anführungszeichen. Dann sucht Google nicht nur die einzelnen Worte, sondern es sucht nach der gesamten Wortreihe. Vielleicht erleben Sie eine Überraschung, denn der Versender der E-Mail hat sich den Text nicht selbst ausgedacht, sondern von einer Webseite wie beispielsweise „lovingyou.com" kopiert. Diese Internetseite veröffentlicht unter anderem Liebesbriefe und Liebesgedichte.

Geben Sie keine persönlichen Daten an Fremde weiter. Verwenden Sie niemals Ihre private E-Mail-Adresse, sondern legen Sie sich eine Wegwerf-Mailadresse an, um mit Ihrem Partner kommunizieren zu können. Merkwürdigerweise sind wir online wesentlich vertrauensvoller, als wir es jemals im täglichen Leben sein würden. Wahrscheinlich liegt es daran, weil wir dem Fremden nicht direkt gegenüberstehen und uns daher gefühlsmäßig in Sicherheit wiegen. Betrüger bauen auf das Vertrauen, dass ihnen entgegengebracht wird, um an Informationen heranzukommen, wie zum Beispiel der vollständige Name, das Geburtsdatum, Wohnanschrift, Festnetztelefonnummer, sehr persönliche oder gar intime Bilder und andere Daten, die die Betrüger gegen Sie verwenden können.

Möchten Sie sich für die Partnersuche in Partner-/Singlebörsen registrieren, dann sollten Sie kostenpflichtige Services bevorzugen. Zwar sind kostenpflichtige Partneragenturen auch nicht scammerfrei, aber sie sind nicht so arg verseucht wie die kostenfreien. Trotzdem gibt es einen Haken: Die Anzahl der Scammer ist zwar geringer, aber die verbleibenden Betrüger sind wesentlich professioneller. Also immer Augen aufhalten - auch bei den hochwertigen Akademiker-Partner-Seiten.

Bleiben Sie auf der Partner-/Singlebörse, auf der Sie sich kennengelernt haben. Sollte Ihre neue Online-Bekanntschaft betrügerische Absichten haben, dann wird genau das passieren, wie im obigen Punkt unter Konversation/Umstände bereits beschrieben. Ihr neuer „Freund" wird Sie drängen, die Börse zu verlassen und auch er wird bald von dort verschwinden, mit der Begründung nun den Partner des Lebens gefunden zu haben. In Wirklichkeit aber will der Scammer den Kontakt mit Ihnen aufrecht erhalten, auch wenn sein Profil von anderer Seite als Fake erkannt, gemeldet und gelöscht wurde. Jede Partner-/Singlebörse hat ein eigenes E-Mail-System, über das die Mitglieder sich unterhalten können. Lassen Sie sich daher nicht dazu überreden, einen anderen Weg der Kommunikation zu nutzen und Ihr Profil zu löschen.

Erwacht in Ihnen das Gefühl, es ist zu gut um wahr zu sein, dann ist es das wahrscheinlich auch. Sollten Sie im Internet Mr. oder Ms. Right kennenlernen, der oder die sich fast über Nacht und bis über beide Ohren in Sie verliebt hat, dann lassen Sie sich von dieser Geschichte nicht einwickeln. Halten Sie Ausschau, ob es Unstimmigkeiten und Warnhinweise gibt. Hinterfragen Sie alles und akzeptieren Sie keine Ausreden.

Gehen Sie auf Abstand, wenn es zu Notfällen, Katastrophen und Geldproblemen kommt. Senden Sie niemals, wirklich niemals, Geld an eine Person, die Sie nicht persönlich kennen, nicht aus Mitleid und auch nicht aus Liebe. Möchten Sie Ihr Geld verschenken, dann sollten Sie es lieber an eine zertifizierte und bekannte Hilfsorganisation spenden.

Outing: In seltenen Fällen kann es passieren, dass sich der Scammer outet, sich also zu erkennen gibt. Sollte dies bei Ihnen der Fall sein, dann wird er Ihnen versichern, dass er Sie nie wieder anlügen wird, dass er nur aus der Not heraus betrügt und dass sich ab jetzt alles ändern wird. Glauben Sie ihm kein Wort und beenden Sie den Kontakt. Ein „Yahoo-Boy" ändert sich nicht einfach so und auch Sie werden es nicht schaffen, ihn zum Besseren zu bekehren. Es gibt ganz eigene Märchen, die auf diese Zwecke zugeschnitten sind. Er wird erneut versuchen, Ihr Vertrauen zu erlangen. Entweder bleibt es eine Love-Story oder Sie werden eine Art Mutter-Ersatz für den jungen Mann, der nach einiger Zeit der Vertrauensbildung leider wieder in Probleme gerät und Ihre Unterstützung benötigt.

So könnte er z.B. Ihre Hilfe brauchen, um die Schulgebühren jüngerer Geschwister oder die Beerdigung eines Verwandten, vorzugsweise des Großvaters oder der Großmutter, zu bezahlen. Dazu sollte man wissen, dass die Familienbande in Westafrika sehr stark sind. Für die Beerdigung der Großeltern sind die Eltern, Tanten und Onkel verantwortlich. Die Verantwortung fällt also nicht direkt an die Enkel, sie spielen nur eine unterstützende Rolle.

Diese starken Familienbande haben auch den Effekt, dass kein Westafrikaner ohne Einwilligung seiner Familie heiraten würde. Er wird immer bei tiefgreifenden Entscheidungen seine Familie konsultieren und deren Meinung ist sein Maßstab.

Verrät der junge Mann keine Details über sich, die sich auch unabhängig verifizieren lassen, dann lügt er. Verbringt er online viel Zeit mit Ihnen, dann ist er entweder ein Schüler, ein Student oder arbeitslos. Sie können davon ausgehen, dass eine arbeitende Person auch in Nigeria oder Ghana nicht so viel Zeit hat, um online zu chatten. Ein Berufstätiger wird nach der Arbeit höchstens nach seinen E-Mails sehen. Warum? Surfen im Internet wird stündlich abgerechnet und die Kosten sind für einen westafrikanischen Durchschnittsverdiener zu hoch.

Und warum um Himmels Willen sollten Sie ihm einen Reisepass bezahlen? Es ist ganz einfach für ihn, sich einen gefälschten Reisepass zuzulegen. Wohnt er in Lagos, dann geht er in den Stadtteil Oluwole und sucht sich eine passende Fälscherwerkstatt. Um ehrlich zu sein – es gibt keinen Weg, einen Nigerianer tatsächlich zu identifizieren. Will er sich legal einen Reisepass zulegen, dann kostet ihn das ca. 5.100 Naira, also umgerechnet ca. 25 Euro. Warum sollten Sie ihn dabei unterstützen? Sollte er wirklich einen Reisepass benötigt, dann kann er sich ihn ohne große Umstände und Kosten selbst besorgen. Würden Sie einem Freund hier in Deutschland das Geld für einen Reisepass geben? Es ist einfach völliger Unsinn.

Fazit: Diese „Yahoo-Boys" sind nicht in Not und benötigen nichts von allem, was sie angeben. Sie lieben es, Leute wie Sie zu betrügen, um sich die neuesten Markenklamotten, die modernsten Kommunikationsgeräte und Autos zu kaufen. Warum sollte eine Person in Not stundenlang im Internet surfen und chatten? Die Not sollte ihn dazu veranlassen, sich eine Arbeit zu suchen und sei es eine Tagelöhner-Tätigkeit. Die Scammer versuchen, mit Ihrer Intelligenz und mit Ihren Emotionen zu spielen. Warum sollte eine Person in Not umgerechnet fünf Euro und mehr für Online-Zeit ausgeben, wenn sein durchschnittlicher monatlicher Verdienst nur 200 Euro beträgt?

Und zu guter Letzt: Erzählen Sie einer Vertrauensperson aus dem Freundes- oder Familienkreis von Ihrer Beziehung. Diese Vertrauensperson ist nicht verliebt und kann die ganze Sache objektiv bewerten. Behalten Sie so eine Beziehung niemals als totales Geheimnis. Finden Sie jemanden, dem Sie sich anvertrauen können. Lassen Sie es nicht zu, dass Ihr Herz gebrochen, Ihr Verstand vernebelt und Ihre Geldbörse geschmälert wird. Es ist schwer, von der großen Liebe loszulassen, aber lassen Sie Ihren Liebhaber von dritter Seite checken und prüfen.

Links zum Thema:

Scambaiter-Deutschland:
http://scambaiter.info
http://www.scambaiter-forum.info

Romance-Scambaiter:
http://www.romancescambaiter.de

Scammer-Datenbanken:
http://scambaiter.info/scamdb
http://www.romancescam.com/forum/index.php (mit
deutschsprachiger Sektion)

Weiterführende Informationen:
http://www.scambaiter-forum.info/wiki
http://de.wikipedia.org/wiki/Vorschussbetrug

*http://www.polizei-beratung.de/themen-und-
tipps/betrug/scamming.html*

Danksagung

Ohne Alan Prince hätte dieses Buch nur die Hälfte seines Umfanges und der Lesestoff fiele wesentlich langweiliger und trockener aus. Alan hat dem Buch ein großes Maß an Lebendigkeit eingehaucht.

Ohne TFL aus dem Forum Scambaiter-Deutschland ließe sich dieses Buch nur halb so fließend lesen. TFL hat den Text hervorragend lektoriert und konnte auch die krausesten Satzkonstruktionen geradeziehen.

Ohne die Begegnung mit meinem eigenen Scammer wäre mein Leben in den letzten sechs Jahren nur halb so spannend verlaufen. Viele wundervolle Menschen durfte ich kennenlernen und viele unglaubliche Situationen erleben. Ich bin nach Afrika gereist und habe mich in diesen Kontinent verliebt. Und das Allerbeste: Mein Jugendtraum hat sich erfüllt. Ich bin nun Autor von zwei Büchern.

DANKE!

Dana Wahr, Sommer 2013